절대적이며 상대적인
리더십의 물리학

상식 밖의 리더, 유연한 리더만이 살아남는다

절대적이며 상대적인
리더십의
물리학

진원재 지음

Vector

Scalar

law of acceleration

law of universal
gravitation

the first law of
thermodynamics

law of energy
conservation

the second law of
thermodynamics

principle of constancy
of ligh velocity

quantum mechanics

quantum

quantum chaos

Schrödinger's cat

principle
of equivalence

theory of general
relativity

double-slit
experiment

quantum
entanglement

many-worlds
interpretation

butterfly effect

비즈니스북스

절대적이며 상대적인
리더십의 물리학

1판 1쇄 인쇄 2022년 11월 8일
1판 1쇄 발행 2022년 11월 15일

지은이 | 진원재
발행인 | 홍영태
편집인 | 김미란
발행처 | (주)비즈니스북스
등 록 | 제2000-000225호(2000년 2월 28일)
주 소 | 03991 서울시 마포구 월드컵북로6길 3 이노베이스빌딩 7층
전 화 | (02)338-9449
팩 스 | (02)338-6543
대표메일 | bb@businessbooks.co.kr
홈페이지 | http://www.businessbooks.co.kr
블로그 | http://blog.naver.com/biz_books
페이스북 | thebizbooks
ISBN 979-11-6254-312-2   03320

물리학을 알면
리더십의 차원이 달라진다

왜 우리 주위엔 제대로 된 리더가 없을까?

세상에는 리더가 참 많다. 그러나 제대로 된 리더는 그리 많지 않다. 이대로 가다간 살아있는 동안 세종대왕이나 이순신 장군 같은 훌륭한 리더를 만나기는 쉽지 않을 거란 생각마저 든다. 그렇다고 고대, 중세 사람들처럼 '훌륭한 리더는 신이 주시는 선물'이라고 여기며 마냥 기다리기엔 현대인으로서 자존심이 상한다.

나는 기업에서 20여 년째 인사와 경영지원 업무를 담당해오고 있다. 매년 임원 인사와 직책자 보임 작업을 하면서 직간접적으로 만난 사람이 400여 명에 달한다. 경영에서 가장 중요한 것은 사람이며, 그중에서도 리더가 가장 중요하다고 생각해왔다. 물론 돈도 중요하고 전략도 중요하다. 하지만 그렇게 중요한 돈과 전략에 대한 생각의 시작과 최종 판단은 언제나 리더의 몫이었다. 리더에 의해 방향이 정해지고, 리더에 의해 모두가 움직였다. 그래서 리더가 가장 중요하다는 생각은 단 한 번도 변한 적이 없다.

기업이란 큰 배는 언제나 리더에 의해 천천히 움직였다. 그 움직임의 원천은 리더십leadership이었다. 인터넷과 서점에는 리더십과 관련된 많은 내용들이 범람한다. 저마다 리더십에 대해 이러쿵 저러쿵 주장한다. 이렇게 많은 리더십에 대한 솔루션이 있음에도 불구하고 왜 우리 주위엔 제대로 된 리더는 없는 걸까? 내 주위에만 없는 걸까? 아니면 시대적 문제일까? 많은 사람이 리더에 대해 관심도 많고 주위에 정보도 많은데 제대로 된 리더를 만나기는 하늘에 별 따기다. 이렇게 쉽지 않은 걸 보면 리더십은 어려운 게 분명하다.

리더 또한 인간이므로 또 다른 불완전한 인간들로 구성된 조직을 이끈다는 것은 쉽지 않아 보인다. 내 몸 하나 관리하기도 힘든데 다른 사람들을 이끈다는 게 분명 쉽지 않은 일이다. 더욱이 세상은 계속해서 복잡해지고 빠르게 변화하고 있어서 리더가 헤쳐 나가야 할 일들은 더욱 난해해지고 있다.

리더십의 홍수 속에서
리더십의 근본에 대한 갈증이 더 커졌다

———

그래서 세계적으로 뛰어난 석학과 전략가들은 조직을 더 잘 이끌기 위해 이것저것 아이디어를 내놓았다. 경제학의 아버지로 불리는 영국의 고전파 경제학자 애덤 스미스Adam Smith는 노동의 능력과 전문성을 향상시켜 효율을 증가시킨다는 '분업'을 강조했고, 미국의 경영학자 프레더릭 테일러Frederick Taylor는 생산 단계의 과학적 분석을 통한 생산량을 증가시킨다는 '생산성 관리'를, 그리고 미국의 심리학자 에이브러햄 매슬로Abraham Maslow는 인간 욕구의 단계를 분석하여 보상 효과를 높이는 데 기여한다는 '욕구 5단계'를 주장했다.

또 다른 미국의 심리학자이자 경영학자 더글러스 맥그리거Douglas McGregor는 타율적 인간 X와 자율적 인간 Y의 분류를 통해 관리를 세분화한다는 'XY이론'을, 또한 하버드대에서는 객관적인 조건보다 인간관계나 심리가 작업능력에 더 영향을 준다는 '호손 실험'을 행했다. 게다가 성과에 따른 보상에 포커스를 둔 미국의 '성과주의'와 경력 연차에 따른 보상에 초점을 둔 일본의 '연공주의', 보람과 같은 내적 동기 부여가 더 중요하다는 심리학의 '내재적 동기론' 등등.

여러 가지 좋은 방법론들이 계속해서 등장했다. 하지만 실질적 관리자인 리더와 리더십에 대한 직접적인 연구 분야는 여전히 아쉽다. 그런 이유에선지 시중에는 리더십에 대한 새로운 개념들이 계속해서 쏟아지고 있지만, 이렇다 할 대표 개념은 아직 정리되지 못하고 있다.

'카리스마 리더십', '코칭 리더십', '서번트 리더십', '감성 리더십', '현장 리더십', '공감 리더십'…. 세상에는 지금 수많은 리더십의 정의들이 있다. 사회가 복잡해지고 빠르게 변화하면서 리더십의 개념도 계속해서 진화하고 분화해왔다. 이렇게 다양성이 증가한 만큼 오히려 나에겐 리더십의 기본 개념에 대한 궁금증과 갈증은 점점 더 커졌다.

이제는 리더십을 총괄할 수 있는 기본적인 해석이 필요하다고 생각했다. '대체 리더십은 무엇일까?'라는 질문으로 시작해서 '조직을 움직이는 힘'을 거쳐, '우주와 세상 만물이 움직이는 원리는?'이라는 질문까지 해보게 되었다. 그리고 이러한 접근은 내가 대학 시절, 교양과목으로 들었던 노교수의 물리학 개론 속에 숨어 있을지도 모르겠다는 생각까지 하게 되었다.

'사람人은 우주와 같고, 일事은 역학으로 해석이 되니, 사람과 일로 이루어진 조직을 이끄는 리더십은 우주와 역학의 기본 원리인 물리학으로 해석할 수 있지 않을까?'

왜 하필 물리학인가?

———

물리학은 우주 만물의 본질과 움직임을 설명하는 학문이다. 다양해진 리더십의 개념들을 정리하는데 분명히 도움이 될 것이라 생각했다. 기초적인 자연 원리에 복잡한 현실 문제를 적용하는 게 쉽지는 않았다. 그러나 놀랍게도 물리학은 그동안 목말랐던 리더십의 속살을 들여다볼 수 있게 해주었다. 일단, 세상에 반드시 존재해야만 하는 제대로 된 리더십을 구성하고 있는 '리더십의 본질'을 파헤쳐볼 수 있었다. 리더가 반드시 알고 있어야 할 인식과 관점 그리고 태도에 대해서도 정리해볼 수 있었다.

리더십을 물리학으로 해체한다는 것은 역설적으로 물리학을 리더십 이야기로 풀어가는 것도 가능하리라는 힌트를 주었다. 그래서 기초 물리학 이론의 발전 순서에 따라 이야기를 정리해보았다. 그랬더니 리더십의 기초 수준과 고급 수준이라는 '리더십의 난이도 수준'과 일치한다는 생각이 들었다.

그래서 이 책을 크게 근대물리학과 현대물리학으로 나누었다. 앞부분인 CHAPTER 1, 2에서는 우리가 보고 느낄 수 있는 세상, 만물을 해석할 수 있는 세상인 거시세계를 근대물리학의 원리로 해석해보았다. 리더십의 필수 구성요소와 리더가 기본적으로 관리해야 할 일과 에너지 같은 리더십의 기초 부분을 파헤쳐 보았다. 그리고 뒷부분인 CHAPTER 3, 4에서는 그동안 리더들이 너무나 어려워했던 기업의 조직문화나 세대 간의 특성, 노사 대립, 리더의 관찰과 철학 등 구조화하기 어렵고 잘 보이지 않는 부분(리더십의 고급 수준에 해당한다)에 대해 현대물리학적 해석을 해보았다. 빛과 같이 아주 빠르거나 우주와 같이 아주 큰 그리고 원자처럼 아주 작아 눈에 보이지 않아서 근대물리학으로는 도저히 해석이 불가능한 미시세계를 다루는 현대물리학의 원리가 리더십을 고난이도 수준으로 끌어 올려줄 수 있을 것이다.

CHAPTER 1에서는 리더십의 본질에 대해 분석한다. 리더십이란 조직을 이끄는 힘이므로 물리학에서 가장 기본이 되는 고전역학의 '힘'과 비교하여 해석을 시도한다. 힘의 기본 특성인 '벡터'vector와 뉴턴의 운동법칙 세 가지 중 '힘'에 의한 변화를 가장 잘 설명해주는 제2법칙인 '가속도의 법칙' 그리고 만유인력의 법칙을 통해 리더십의 본질을 다룬다.

CHAPTER 2에서는 '일과 에너지'의 상관관계를 다룬다. 이 책에서 말하는 일이란 '힘'과 그 힘에 의한 '결과'의 조합이다. 여기서는 리더가 관리해야 할 가장 중요한 대상인 '사람'과 그 사람이 하는 '일'에 대한 개념을 파악해본다. 사람과 일은 에너지이며, 에너지의 기본 법칙인 열역학으로 소중히 다루어져야 한다. 특히, 리더는 에너지를 효율적으로 관리하여 지속 성장이 가능한 조직을 만들어가야 한다.

CHAPTER 3에서는 '상대성이론'을 다루고 있는데, 세상은 절대적

이지 않고 상대적이라는 현대물리학의 개념을 통해 리더는 다양성을 이해하고 유연하게 환경에 대처해야 한다는 것을 이야기한다. 특히 벤치마킹과 같은 일반론에 휘둘리지 말고 주체적으로 생각해야 하며, 우리 모두는 상상하기 힘들 만큼 큰 에너지를 갖고 있음을 이야기한다.

CHAPTER 4에서는 '양자역학'을 통해 리더십의 가장 까다로운 부분을 살펴본다. 양자역학에 관한 이야기를 통해 현재 우리가 알고 있는 세계는 진짜가 아니며, 그동안 우물 안 개구리였다는 것을 깨닫게 한다. 즉, 현재 우리의 세상은 우리가 상상하는 것보다 훨씬 크고 복잡하며, 이중적임을 인식하게 한다. 리더는 이 오묘한 세상을 깨닫고 항상 겸손함을 유지하되, 그렇다고 주눅들 필요도 없으며 넓은 마음으로 세상과 조직을 품고 이끌어야 할 운명이라는 메시지를 전달하고자 한다.

물리학을 알면 리더십의 본질을 알 수 있다

———

이렇게 리더와 리더십을 물리학과 연계시켜 생각하기까지 꽤 많은 시간이 필요했다. 나는 대학 시절 안세희 교수님의 '물리학의 현대적 이해'라는 교양수업을 들었다. 당시 학기 초반 역학 부분은 그래도 어찌어찌 따라갔으나, 상대성이론부터는 무슨 말인지 하나도 이해가 가지 않았다. 당연히 학점은 잘 받지 못했지만 항상 원리를 궁금해하던 나였기에 가장 기억에 남는 과목이 되었다.

그렇게 나는 상대성이론과 양자역학을 제대로 이해하지 못한 채 졸업했고, 정신없이 직장생활 속에 빠져 살았다. 한참을 지나 30대 후반이 되었을 때, 머리로는 잘 이해가 안 갔지만 가슴으론 끌렸던 물리학을 유튜브를 통해 다시 만났다. 세상은 '절대적'이지 않고 '상대적'이며, 아직도 물질의 본질인 원자의 세계는 우리 인간들이 정확히 알지 못하는 상황이라는 것을 알게 되었다.

충격이었다. 그동안 나는 내가 세상을 잘 알고 있다고 생각했다. 그러나 완전히 틀렸다. 40년 가까이 내가 보고 느끼고 믿었던 것들(이를 테면, 뉴턴의 물리 법칙)이 송두리째 흔들리기 시작했다.

나는 물리학의 도움으로 세상을 다시 바라보게 되었고, 하고 있던 인사 업무에 대해서도 다시 정리할 수 있었다. 즉, 회사 일을 전보다 논리적으로 분석하고 처리할 수 있게 되었다. 그리고 다른 사람들에게 내가 하는 일에 대해 더 명확하고 분명하게 설명할 수 있게 되었고, 회사에서 벌어지는 다양한 일들에 대해서 모두 설명할 수 없다는 사실 또한 깨닫게 되었다. 더는 잘 안다고 생각할 수도 없고 그렇다고 완전히 모르는 것도 아닌 애매한 상태가 되었다. 그런데 이것이 오히려 더 자연스럽다는 것을 깨닫게 되었다. 겸손하면서도 주눅 들지 않고 자신의 특성대로 운동하고, 존재하는 전자와 같은 상태. 이것이 가장 자연스럽고 우주 친화적인 삶의 태도란 것을 알게 되었다.

그렇게 나는 내가 하는 일과 내 생각에 뼈대가 생기고 있다는 느낌을 받았다. 죽기 전에 세상의 진리에 조금 더 다가갈 수 있어서 다행이라고 생각했다. 물리학을 공부했던 경험이 소중하게 느껴졌다. 따뜻하고 열정적인 안 교수님의 강연을 들을 수 있었기에 가능한 일이었다. 너무 늦었지만, 교수님께 깊이 고개 숙여 감사를 드린다.

그리고 물리학의 중요성을 세상에 이야기하고 싶었다. 보기만 해도 머리가 아픈 물리 공식을 모르더라도 아주 기본적인 물리 개념은 현재까지 밝혀진 세상의 진리를 가르쳐준다. **진리는 곧 본질이며 본질을 알게 되면 세상일과 움직임을 좀 더 자비롭고 여유롭게 바라볼 수 있게 된다. 모르면 두렵지만, 알면 용기와 자신감이 생긴다. 어떤 것이든 소신 있게 판단할 수 있게 되기 때문이다. 리더십도 알면 어렵지 않다. 모르기 때문에 두렵거나 오류를 범하는 것이다.** 좀 더 많은 사람이 리더십의 본질에 대한 이해를 통해 용기를 갖고 제대로 된 리더가 되었으면 좋겠다는 바람이다.

리더십을 물리학으로 푼다는 것이 다소 낯설 수 있다. 하지만 현재의 리더십 홍수 속에서 진정한 리더십을 구출하기 위해서는 가장 기본적이고 튼튼한 학문이 필요했다. 그리고 실제 내가 일하는 기업 현장에서도 물질과 운동의 본질은 다르지 않았다. 정말 실낱같은 희망을 품고 리더와 리더십의 본질을 찾아 헤맸다. 제대로 된 리더와 리더십을 찾기 위한 수행자의 몸부림으로 너그럽게 봐주길 바랄 뿐이다.

많은 사람들이 물리학을 어렵게 느낀다. 하지만 우리는 이미 물리학 속에서 살고 있다. 물리학으로 우리가 보고 느끼는 것들에 대해 설명이 가능하다. 그렇기 때문에 물리학은 여러 가지 다양한 분야에서 역할이 확대되고 있다. 발사된 로켓이 다시 땅 위로 되돌아오는 것에서부터 맥주 병뚜껑을 가장 기분 좋게 따는 것까지 물리학은 계속해서 우리에게 친근하면서도 위대하게 다가오고 있다. 이제는 더 이상 어렵다고 겁내지 말자. 누구나 아주 기본적인 물리학의 개념만 이해한다면 자신의 삶을 쉽게 한 차원 더 높일 수 있다.

CONTENTS

CHAPTER 1. 힘

리더십은 힘이다

힘

리더십은
힘이다

조직의 생존은
리더에 달렸다
리더십의 중요성

리더가 열심히 노력했지만, 팀이 붕괴되고 말았다

몇 년 전 A사에 다닐 때의 일이다. 올해 처음으로 리더가 된 지 몇 개월밖에 안 된 개발팀장이 인사팀 회의실로 찾아왔다.

"팀원들 관리하기 너무 힘들어요. 얘네들은 도대체 제 말을 안 들어요. 할 일은 태산인데 핑계만 대고, 쓸데없는 것들만 하고. 계획한 대로 하지도 않고…. 이것저것 리더십 책도 읽고, 유튜브 강의도 들었는데 팀원들 관리가 안 돼요."

팀원이었을 때 실무는 아주 잘했던 팀장이었다. 타 부서의 동료들에게 인정도 받고, 상사에게도 신뢰를 한몸에 받으며 언제나 우수 평가를 받았던 인재였다. 그러나 직책자(본부장, 팀장 등 역할과 책임을 맡은 사람)는 처음이었기에 당황한 기색이 역력했다. 그래도 우수한 성과를 냈던 사람답게 다양한 방법을 찾아 시도했다.

"공감해야 한다고 해서 팀원들과 티타임도 갖고 얘기도 잘 들어주었어요. 워라밸work-life balance을 위해 팀장이 먼저 퇴근해야 한다고 해서 퇴근 시간 땡 하면 바로 퇴근했고, 궂은일도 솔선수범해야 한다고 해서 커피 셔틀도 자주 했어요. 진짜 도움을 주려고 재테크 정보도 공유해주고 부동산중개사무소도 같이 가서 계약까지 봐줬어요."

그러나 팀원들은 팀장에게 받아먹을 거 다 받아먹고 챙길 거 다 챙기고는 정작 자신들의 일은 대충대충이었다며 배신감에 찬 목소리로 말했다. 어디 하나 마음에 드는 구석이 없다고 했다. 능력도 안 되면서 담당하는 일이 맘에 안 든다며 항상 뾰로통해 있는 팀원, 항상 마감 기일을 넘기면서도 온라인 쇼핑만 하는 팀원, 그런 팀원들 때문에 스트레스 받는다는 별반 차이 없는 또 다른 팀원.

"'그래도 나의 팀이다.'라고 긍정적으로 생각했어요. 어떻게든 멋진 팀을 만들고 싶었죠. 최고의 성과를 내는 팀장이 되고 싶었어요."

그래서 그 팀장은 방법을 바꿔 철저하게 성과 중심으로 관리하는 편이 낫겠다고 생각했다. 팀 목표와 실행계획을 구체적으로 세우고, 엑셀 관리 파일을 만들었다. 팀원들의 이름을 넣고 담당 업무를 나누었다. 팀 목표를 이루기 위한 프로젝트를 10개 내외의 개인별 업무로 쪼갰다. 한 시간 단위로 아침 9시부터 6시까지 입력하게 하고 매일 퇴근 전 실적을 체크했다. 일정이 늦어지면 알람 메시지를 날렸다. 아웃풋의 질이 낮을 때도 확실하게 체크하고 수시로 피드백을 주었다.

하지만 팀원들은 팀장의 요구 수준을 못 따라갔다. 자연히 팀장의 피드백에는 점점 짜증과 화가 섞이게 되었고, 끝내는 "이런 식으로 계속 일하면 같이 일하기 힘들어질 수 있다."는 표현을 쓰기 시작했다. 팀장은 신임 팀장 교육 때 성과관리역량 교육 과정에서 배웠던 목표 수립 및 실적 관리법을 충실히 시행했다고 생각했다.

결과는 이랬다. 팀원들의 불만이 커졌다. 한 명은 퇴사하고, 한 명은 인사팀에 팀장을 직장 내 괴롭힘으로 신고했으며 다른 한 명은 본부장에게 팀장이 계속 같이 일할 수 없다는 말을 하면서 퇴직을 종용한다며 면담을 신청했다. 개발팀장은 어이없어했고 억울해했다. 자신은 엄청나게 노력했는데 이런 결과가 초래된 것에 대해 너무 허탈해했다. 그리고 해야 할 일이 산더미 같은데 팀원들이 못 따라와줘서 힘들다는 얘기, 해볼 건 다 해봤다는 얘기를 하고 또 했다. 팀장은 억울함과 변명을 늘어놓았으나 팀은 망가질 때로 망가져 있었고 팀장 자신도 패닉 상태였다.

도대체 무엇이 잘못된 것일까? 개발팀장은 회사 사내 교육도 참석하고, 유튜브 강의도 챙겨서 보고 시중에 있는 많은 리더십 정보들을 찾아보며 정말 열심히 공부했다. 이 방법 저 방법 다 써보았지만, 팀장은 팀원들을 이끌 수가 없었다. 너무도 다양한 리더십 정보와 교육에 팀장은 갈피를 잡지 못했고, 자신이 팀원들을 이끌지 못하고 있다는 것을 분명히 깨닫고 있었다.

리더와 리더십

─────

이끈다는 것은 무엇일까? 영어로 '이끌다'는 '리드'lead다. 그 뜻을 사전에서 찾아보면 '앞장서서 안내하다, 이끌다, 데리고 가다'로 풀이하고 있다. 여기서 파생된 단어로는 리더leader, 리더십leadership이 있다.

리더란 단어 뜻 그대로 사람 혹은 물체를 이끄는 사람이다. 배를 이끌면 선장, 군대를 이끌면 대장, 회사를 이끌면 사장이다. 세상에는 리더가 참으로 많다. 다들 누군가를 그리고 무엇인가를 이끌고 있다. 한 가정을 이끄는 나 또한 가장이자 리더다. 꼭 타인이나 다른 물체가 아니더라도 자기 자신을 이끄는 것을 셀프 리딩이라고 한다. 그러므로 우리 모두는 리더다.

그런데 과연 우리는 제대로 된 리더일까? 제대로 이끌고 있는 것일까? 아무 생각 없이 끼니때 식사하듯 그냥 기계적으로 무엇인가를 질질 끌고 가고 있는 건 아닐까? 우리는 모두 리더인데 모두가 제대로 된 리더인지는 잘 모르겠다.

동시에 우리는 누군가에 의해 '리딩'leading을 당하고 있다. 나 또한 많은 리더가 이끄는 대로 살아가고 있다. 출근길 지하철에서는 기관사, 출근하면 사장, 퇴근하고 술집에선 주인장 그리고 집에 오면 실제 가장이신 나의 아내. 생각보다 많은 사람이 나를 이끌고 있다. 내 소중한 삶이 수많은 리더에게 이끌림을 당하고 있다. 그들이 까딱 실수하면 내 인생은 한순간 나락으로 훅 갈 수 있다. 뼈 아픈 세월호 사고를 보면서 절대 아무나 리더를 하면 안 된다는 것을 우리는 너무나 잘 알고 있다.

우리는 모두 리더이며, 서로의 리딩 속에서 살고 있다. 서로가 엉켜서 서로를 이끌고 밀어주고 있다. 마냥 믿고 끌려만 다닐 수도 없고, 또 아무 생각 없이 이끌어서도 안 된다. 이렇게 복잡한 세상에서 나 자신은 제대로 이끌고 있는지, 또 다른 이들은 제대로 이끌고 있는지 항상 서로가 서로를 점검해야 한다. **제대로 된 리더가 각자의 자리에서 자신의 역할과 책임을 다해줄 때 우리에게는 안전하고 행복한 삶이 보장된다. 우리 모두의 삶은 나 자신을 포함한 수많은 리더에게 달려 있다. 그래서 우리에게 리더는 너무나도 중요하다.**

이렇게 중요한 리더에게 꼭 필요한 것이 리더십이다. 제대로 된 리더는 리더십을 갖고 있다. 기업은 항상 제대로 된 리더와 리더십에 목마르다. 많은 회사들이 조직개편 때마다 리더를 세우는 데 고심을 한다. 그런데 마땅한 사람은 그리 많지 않다. 몇백 명 몇천 명씩 되는 회사에서도 항상 리더의 후계자가 많지 않아 애를 먹는다. 그래서 리더 승계 계획을 매년 세워 보지만, 후보자는 항상 그 나물에 그 밥이다.

　회사에서 임원과 팀장들의 인사를 담당했던 나는 제대로 된 리더를 어떻게 하면 많이 찾고, 만들어낼 수 있을까에 대해 항상 고민해왔다. 나의 사회생활 대부분은 진정한 리더십을 찾아 헤맨 시간이라 봐도 된다.

리더십의 홍수에서 길을 잃지 않으려면

대형 서점에는 리더십 주제의 전용 매대가 있을 정도로 리더십 책들이 많다. 인터넷상에도 리더십 정보는 넘쳐난다. 큰 기업에서는 온오프라인으로 리더십과 성과관리에 대해 교육하고 있다. 내용이 엇비슷하면서도 약간씩 다르게 너무나 많은 리더십이 있다. 서번트 리더십, 감성 리더십, 이기는 리더십, 공감 리더십, 소통 리더십 등 수십 가지의 리더십들. 도대체 리더십이 왜 이렇게 많은 것일까? 사람들이 원하는 리더십이 다 비슷할 것 같지만 사실은 모두 다르다. 사람마다 자신의 시각으로 자신이 원하는 리더십을 이야기한다. 그리고 그럴싸한 핵심 단어를 리더십 앞에 붙인다.

위계적 피해의식이나 계급사회에 대해 반감이 있는 사람이 만들어낸 '서번트 리더십'은 일반인보다는 상대적으로 강자인 리더를 노예로 만들어버렸다. 우리가 하인의 리딩을 따라가야 한다고 주장한다. 이것은 리딩의 본질을 건드리지 못하고 반어법적 개념을 통해 리딩의 주체와 객체를 바꿔버렸다.

또 남에게 상처를 잘 받는 MBTI의 F, 감성이 강한 사람은 배려의 리딩을 강조하며 '감성 리더십', '공감 리더십'을 얘기한다. 따뜻한 '유비'劉備형 리더가 진정한 리더라고 주장한다. 그와 반대로 성과나 이익이 전부인 양 떠들어대는 MBTI의 T, 이성이 강한 사람은 '이기는 리더십', '마키아벨리 리더십'을 주장한다. 이익만을 위해 움직이는 '조조'曹操형 리더가 진정한 리더이고 남는 건 실적밖에 없으며 강력한 권력이 제일이라고 주장한다.

리더십 앞에는 어떤 말을 붙여도 될 만큼 리더십의 종류가 많다. 상황과 환경에 따라, 리더의 스타일에 따라, 이끄는 대상에 따라 다르면서도 비슷한 리더십들이 세상에 널려 있다. 사람들의 취향과 선호에 따라 이렇게도 만들어지고 저렇게도 만들어질 수 있다.

우리에게 너무나도 중요한 리더십이 번잡해지는 것 같아 걱정된다. 시중의 리더십 책들을 읽고 만족한 사람이 있다면 지금 이 책에서 이야기하는 리더십은 흥미롭지 않을 수 있다. 개인 취향에 맞춘 리더십 이상형 월드컵과 같은 내용을 다루고 있지 않기 때문이다. 여기에선 리더십에 대해 어떠한 편견도 들어 있지 않은 자연 원리인 물리학으로 설명하고자 한다.

현재 많은 리더십 정보는 자신들이 원하는 리더의 상像으로 정리해놓은 것 같다. 그러니 다양할 수밖에 없다. 그러나 **리더십의 본질은 분명히 존재하며 하나다. 말 그대로 '무엇인가를 이끄는 힘'이다. 이제 리더십은 다시 해석되어야 한다.** 물리학의 시작인 역학, 자연현상의 하나인 힘의 원리로 재해석되어야 한다. 뉴턴과 아인슈타인 그리고 수많은 천재 과학자들이 정리해놓은 학문의 힘을 빌리고자 한다. 이렇게 기초적인 과학적 개념을 동원해서 바로잡아야 할 정도로 지금의 리더십은 심각하게 표류하고 있다.

2

유행이 아닌
리더십의 본질을 찾아서
힘

힘의 진짜 정의

"너무 힘들어요.", "수고하셨어요.", "애 많이 썼네."

우리는 힘과 연관된 말을 일상에서 많이 쓴다. 힘, 노력, 수고, 능력.

아주 친근한 단어들이다. 한 정치 정당의 이름으로도 쓰일 정도니까. 그리고 '힘 력'力 앞에 단어를 붙여서 여러 가지 능력을 표현하는 단어가 또 수없이 많다. 관찰력, 추진력, 분석력, 상상력….

그래서인지 우리 모두는 힘에 대해 잘 알고 있다고 생각한다.

그런데 과연 정말 그럴까?

물리학의 가장 기본은 '역학'力學이다. 역학은 사물의 움직임에 대한 것, 즉 힘과 운동을 다룬 학문이다. 조직이 움직이게 하는 것도 운동의 일종이므로 조직의 리딩도 역학으로 해석이 가능하다. 이렇게 친근하고 쉽게 쓰이는 '힘'을 물리학에서는 이렇게 정의한다. **"힘이란 물체에 작용하여 물체 자체 또는 물체의 운동을 변화시키는 원인이다."**

'물체'는 사람, 물건, 조직 등 모든 만물에 해당한다. 따라서 조직 자체를 변화시키거나 조직의 움직임을 변화시키는 리더의 리더십은 힘이다. 당연하다고 생각할 수 있다. 그러나 우리가 힘을 잘 알고 있다고 방심하면서부터 리더십은 힘이 아닌 부수적인 것들에 의해 해석되고 표현되기 시작했다. 리더십의 본질이 힘이란 것을 알고 물리의 역학으로 리더십을 해석해보면 그동안 우리가 얼마나 리더십의 핵심에서 벗어나 있었는지 깨닫게 된다.

리더십은 힘이다

우리가 리더십을 이야기할 때, 많이 사용하는 용어들이 있다. 추진력, 포용력, 공감능력, 책임감. 그런데 요즘은 여기에 더해 서번트, 섬김 같은 리딩과는 상반되는 용어나 '이기는, 따스한'과 같은 힘이라기보다는 꾸밈이나 부가적인 것들이 강조되는 용어가 많이 사용되고 있다. 자세히 들여다보면 어떠한 용어든 리더십에 다 끼워서 맞출 수 있다는 것을 알 수 있다. 이것은 힘 앞에 어떠한 단어든 붙일 수 있기 때문인데, 부드러운 힘, 붉은 힘, 인터넷의 힘 등 수많은 힘을 만들 수 있다.

지금 내 앞에 커피가 있다. '커피'를 '리더십' 앞에 붙여보자. 그리고 리더십은 많은 사람들의 사랑을 받는 커피처럼 향기롭고 부드러워야 한다고 주장해보자. 그럴싸하지 않은가? 오늘 점심으로 짜장면을 먹었다. 짜장면처럼 조직 구성원들을 조화롭게 잘 비벼서 누구나 좋아하는 궁극의 맛을 낼 수 있어야 한다고 주장해보자. '짜장면 리더십'이다. 이것도 말이 되지 않는가?

이렇듯 리더십 앞에는 아무거나 붙일 수 있다. 왜냐하면 리더십의 본질은 힘이기 때문이다. 힘은 강한 힘도 있고, 부드러운 힘도 있고, 차가운 힘, 따뜻한 힘 등 수만 가지 힘을 만들어낼 수 있다. 조조도 성공한 리더이고, 유비도 칭송받는 리더다. 대체로 이성적인 사람들은 조조를 더 좋아하고, 감성적인 사람들은 유비를 더 좋아한다. 사람이 다 다르듯 좋아하는 리더십의 스타일 또한 다 다르다. 개인 취향에 의해 다양한 리더십이 수없이 탄생했다. 패션과도 같이 유행으로도 만들어졌다. 이런 개인 취향 리더십을 창조해낸 사람들은 용감하게도 자신의 주장에 온통 '~하라!, ~해라!'라고 말하면서 마치 진리나 교리인 양 선동한다.

개인 취향 리더십은 여러 리더들의 행동 스타일일 뿐이다. 구기 운동에서 슛을 쏘거나 스윙을 할 때 폼과 같은 것이다. 운동선수들은 제각기 폼이 다 다르다. 중요한 것은 정확한 슛을 쏘고 스윙을 해서 득점을 내는 것이다. 개인 취향 리더십은 조직을 이끄는 리더의 폼일 뿐, 진정한 리더십의 본질은 따로 있다. 이제 우리는 리더십의 본질에 충실해질 필요가 있다.

리더십은 힘이다. 우리가 모두 기대고 의지하고 있는 너무나도 중요한 힘이다. 이 힘이 제대로 작용할 때, 우리 모두 힘차게 움직이기 시작한다. 물론 무식하게 힘만 세서 조직을 아무렇게나 움직여도 된다는 뜻도 아니다. 여기서 '힘이 세다'라는 말도 힘에 대한 오해에서 나온 말이다. 힘을 단순히 세기로만 생각하는 오류 때문에 생겨난 무지의 부산물이다. 물리학에서의 힘은 시작점과 정확한 방향 그리고 적절한 크기를 갖는 아주 과학적이고 복합적인 개념이다. 이것은 힘이 '벡터'라는 물리적 특성을 띠고 있기 때문인데, 우리는 제대로 된 리더십에 한 발 다가가기 위해서는 벡터로서의 리더십을 반드시 이해해야 한다.

리더십은
현실 인식에서 출발한다
벡터 리더십 1. 작용점

리더십은 힘이므로 벡터의 성질을 갖는다

힘은 '벡터'vector라는 물리적 성질을 갖고 있다. 벡터란 작용점(시
작점), 방향, 크기라는 세 가지 요소를 갖는 물리량(물체의 성질과
상태를 나타내는 양)이다. 그에 비해 그냥 크기만을 갖는 것을 스칼
라scalar라고 한다. 사람의 키는 스칼라다. 그냥 길이, 즉 크기만 알
면 되는 물리량이다. 그러나 서울에서 부산으로 가는 것은 벡터다.
서울에서 부산 사이의 거리(크기)도 중요하지만, 남동쪽이라는 방
향과 우리가 움직이기 시작하는 서울이라는 출발점(작용점)도 알

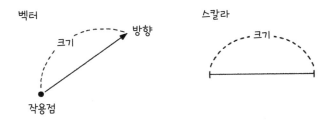

아야 하기 때문이다. 서울에서 부산으로 가려면 '힘'이 필요하다. 그러므로 힘은 크기뿐만 아니라 방향과 작용점까지 있어야 하는 벡터다. 벡터는 위와 같이 화살표로 표시한다.

리더십은 힘이므로 벡터의 성질을 갖는다. 벡터가 리더십의 본질이다. 리더십은 무식하게 크기만 있어서도 안 되고, 입만 살아서 방향만 떠들어도 안 된다. 그리고 리더십을 시중에 떠도는 그럴싸한 단어들로 포장해서는 더더욱 안 된다. 제대로 된 리더십은 벡터의 성질, 즉 작용점, 방향, 크기라는 세 가지 요소가 모두 잘 갖추어져 있는 것을 의미한다.

벡터의 3요소 중 하나 이상이 빠지거나 잘못 설정된다면 리더십은 제대로 작동하지 않는다. 따라서 리더십은 소통, 감성 같은 단어로 단순하게 얘기할 수 있는 스칼라가 아니다. 방향이 없는데 무슨 소통이며, 출발점을 모르는데 무슨 감성을 논한다는 말인가. 벡터 말고 다른 주장을 하는 사람들은 벡터의 요소는 너무나 당연한 것 아니냐고 말할 것이다. 하지만 아쉽게도 우리 주위엔 그렇게 당연한 벡터의 요소마저 갖추지 못한 리더가 너무 많다.

리더는 조직의 현실을 제대로 인식해야 한다

벡터의 시작은 '작용점'이다. 작용점은 우리에게 주어진 현실이다. 현재 우리는 누구이며, 어떤 능력을 갖고 있으며, 무슨 일을 하고 있고, 우리 주위를 둘러싼 환경은 어떤 상황인지를 말해주는 현실의 위치와 수준이다. 리더는 맡은 조직과 일, 조직 구성원의 특성과 수준, 그리고 둘러싼 환경을 정확하게 직시하고 인식해야 한다. 조직이 무엇을 할 수 있고 무엇을 할 수 없는지, 어떤 가능성이 있고, 어떤 리스크가 있는지 알아야 한다. 이것이 리더십에 반드시 필요한 '현실 인식'이다. 그래야 조직이 나아가야 할 방향과 크기를 정할 수 있다. 벡터의 시작이 작용점인 것처럼, 리더십의 시작은 '현실 인식'이다.

현실 인식에서 가장 중요한 점은 정확한 정보를 모으고 그 정보를 객관적으로 바라봐야 한다는 것이다. 요즘 지식과 정보는 넘쳐난다. 그야말로 TMItoo much information(너무 과한 정보)의 시대다. 마음만 먹으면 원하는 정보를 얼마든지 얻을 수 있다. 이렇게 감사한 시대에 살고 있음에도 불구하고 일부 리더들은 주어지는 정보를 감정적으로 받아들이거나 듣고 싶은 정보만 골라 들으려고 한다.

정보는 정확한 현실 인식을 위해 웬만하면 이성적이고 합리적으로 받아들이는 것이 좋다. 너무 많을 경우 일단 편견 없이 일단 다 받아들이고 검증을 통해 팩트를 체크해야 한다. 정보를 감정적으로 혹은 성급하게 받아들여 정확한 현실 인식이 안 되었을 때는 당연히 뒤이어 정해야 하는 리더십 방향과 크기 설정에 감정이나 실수가 들어가게 된다. 특히 자존심을 건드리는 부정적 정보일수록 리더들은 현실을 받아들이지 못하고 감정적이 될 때가 많다.

리더가 '작용점'을 모를 때 생기는 일

"사장님, 저희 브랜드 영향력 지수가 2위로 밀렸습니다."

B사에 근무했을 때 일이다. 사장은 있을 수 없는 일이 벌어졌다며 격분했다. 전 사의 모든 전략은 '1위 탈환'으로 바뀌었다. 왜 2위가 되었는지, 우리는 지금 어떤 상황이며, 또 1위 경쟁사는 어떤 상황인지 차분하게 이성적으로 들여다보려고 하지 않았다. 대신 수단과 방법을 가리지 않고 무조건 1위 탈환 작전을 펼쳤다. 대대적인 프로모션을 내걸며 고객들에게 경품과 상품을 주고, 캐시백 포인트를 지급하고, 역대 최대 할인 행사까지 진행했다.

처음엔 이 작전이 통하는 듯 보였다. 고객의 수와 브랜드 영향력이 소폭 상승했던 것이다. 그러나 바로 수익성이 악화되기 시작했다. 안 그래도 전체적인 시장 규모가 천천히 줄고 있었는데 1위 탈환이란 자존심을 건 싸움에 힘의 방향과 크기를 집중하니 손익이 급속도로 나빠졌던 것이다. 그렇다고 지금 프로모션을 중단하면 고객은 더욱 빠르게 이탈할 분위기였다. 악순환의 늪에 제대로 빠져버렸다. 매출과 손익이 둘 다 줄어드는 형국이 된 것이다.

이러한 자존심 경쟁 사례 말고도 현실 인식에 취약한 리더가 많다. 특히 아무 생각 없거나 성격이 급한 리더들은 현실을 제대로 살펴보지 않고 솔루션부터 먼저 고민한다. 아니면 그냥 아무거나 냅다 시작한다. C사가 그런 경우에 속한다.

마케팅업을 하던 C사는 신규 사업 개발에 목말라 있었다. 항상 도전하는 것을 신념으로 여기는 이 회사는 여러 사정 따지지 않고 일단 뭐든 시작하는 것을 좋아하는 분위기였다. 몇몇 직원들로 일단 태스크포스팀TFT을 만들어 시작했다. 어떠한 역경이 닥쳐도 포기란 없었다. 계속 추진할 수 있었다. 사장도 계속하라고 주문했다.

한 10명의 직원이 전 사 프로젝트에 매달려 있었다. 그들이 준비한 사업은 스마트 신발이었다. 신발을 신고 다니면 건강정보가 기록되고, 만보계 기능도 있어 얼마나 걸었는지 측정이 되는 상품이었다. 사용자의 정보는 앱에 저장되고, 앱과 연동된 체중계의 정보와 연결되어 운동량과 체중과 근육량 등의 변화를 체크할 수 있다는 것이 이 사업의 골자였다.

그런데 팀원 10명 중 신발이나 건강과 관련된 일을 해본 사람은 단 한 명도 없었다. 그래서 외부의 신발 제조업체와 함께 건강 관련 용품 업체들과 미팅을 하면서 제휴와 협업을 논의했다. 만들 수 있다는 업체와 1년간 작업하다가 실패했다. 너무 영세한 생산업체였기 때문이다. 그리고 다시 다른 업체와 작업하다가 1년, 또 새로운 업체와 얘기하면서 몇 달을 허비했다. 2년 반 동안 매출은커녕 생산업체도 구하지 못했다. 실제로 생산할 수 있는 업체를 구하기가 어려웠기 때문이다. 만들지 못하는 구조인데 어떻게 이 사업이 투자심의를 통과했는지 모두들 궁금해했다. 그러나 사장은 포기하지 않고 다시 지시했다.

"일단 도전했으니 됐어. 다음 할 거 생각해봐."

직원 10명은 또 도전거리를 찾아냈다. 이번엔 스마트 방석이었다. 앉아 있으면 체온, 허리 상태 측정 등등 스마트한 기능을 넣은 이전과 비슷한 아이디어였다. 또 투자심의를 통과했다. 그리고 또 다시 생산업체가 없는 그런 프로젝트였다.

이렇게 현실에 대한 인식이 없는 도전이 계속되었다. 10명의 전체 회사 비용은 1년에 20억, 4년 했으니 80억. 시간과 돈이 동시에 날아갔다. 그리고 4년 동안 경험을 쌓은 직원들은 다 이직해버렸다.

제대로 된 리더는 무엇보다도 현실 인식에 가장 많은 신경을 쓴다. 우리는 누구이며, 무엇을 할 수 있고, 무엇을 못하는지, 그리고 경쟁사는 어떤지, 시장은? 사회는? 국가는? 끊임없는 질문으로 자신을 포함한 조직의 현실을 최대한 정확하고 광범위하게 파악해야 한다. 현실 인식을 자세히 하면 할수록 어디로 조직을 이끌어야 하는지, 얼마만큼 조직을 움직여야 하는지 결정하는 것도 쉬워진다.

현실을 제대로 파악하면 가야 할 방향이 보인다

인테리어 D회사가 요식업을 해야 하는 상황에 직면한 적이 있다. 토털 브랜드 경험 공간을 구성하려다 보니 콘셉트상 레스토랑이 필요했다. 하지만 회사는 요식업을 해본 적이 없었다. 게다가 인맥 네트워크도 없었다. 그래서 일단 사내에서 가장 트렌드를 좋아하고 감각 있는 마케팅팀 직원을 골라 총지배인을 시켰다.

그는 나름대로 매장의 콘셉트와 유행에 맞게 준비를 잘했다. 그리고 대대적인 홍보와 이벤트를 벌였다. 반려동물을 데리고 올 수 있게 하고, 서빙 직원들이 대신 돌봐주는 서비스를 했고, 럭셔리 콘셉트에 맞게 카운터 옆에 명품 컬렉션 디스플레이 장소를 운영했다. 총지배인은 굉장히 의욕적으로 준비했고 사내외적으로 홍보를 적극적으로 했다.

그러나 반응은 냉소적이었다. 메인인 요식업이 아닌 다른 것에 에너지를 쏟는다는 우려의 목소리가 컸고, 아니나 다를까 음식의 질은 낮고 가격은 비쌌다. 메인 주방장이 계속 교체되고, 홀 서빙도 음식 서빙이 아닌 애완견 관리나 명품 안전에 신경 쓰는 바람에 직원들의 불만이 높아지고, 서비스 질은 계속 낮아졌다.

최고급 모던 레스토랑 전문가가 필요했다. 수소문 끝에 가는 곳마다 미슐랭 레스토랑을 만든다는 업계 전문가를 추천받았다. 그를 만나 현재 사정을 얘기했고 함께해줄 것을 제안했다. 그는 매장 콘셉트, 위치, 예산, 직원 등 상황을 꼼꼼히 체크한 다음 함께하겠다는 의사를 밝혀왔다. 이 정도면 아주 좋은 환경이고, 최고의 레스토랑을 만들 자신이 있다고 했다.

새로 온 총지배인은 건물, 위치, 시스템 등 인프라는 너무 좋다고 판단했다. 하지만 레스토랑 운영의 핵심인 주방장과 홀 매니저를 교체해야 한다고 말했다. 자신이 잘 알고 있는 검증된 두 명을 추가로 스카우트했다. 주방장은 전체 브랜드와 메뉴가 맞지 않는다는 것을 파악했다. 전체 브랜드가 모던하고 깔끔한 이미지인 만큼 위에 부담이 되는 기름진 육류나 기름기 많은 재료보다는 가볍고 건강한 식재료들로 메뉴를 다시 구성했다. 그리고 새로운 메뉴의 질이 안정적으로 나올 때까지 계속 연습했다.

홀 매니저는 일단 서빙의 기본 수준 향상에 집중했다. 인사와 친절함, 기본 멘트를 점검했다. 그런데 홀서빙 직원들은 경직되어 있었고, 모든 일에 자신감 없이 수비적이었다. 표정도 좋지 않았고 잘못을 저지를까 봐 전전긍긍하고 핑계 대는 직원들이 많다는 것을 깨달았다.

일단 음식 서비스에 집중할 수 없게 만드는 반려동물과 귀중품 보호 서비스는 없앴다. 그리고 홀에서 일어나는 다양한 사건·사고에 대한 즉시 판단 권한을 서빙 직원 개인에게 줘야 한다고 생각했다. 홀 매니저는 50만 원 이하의 사건·사고에 대해서는 서빙 직원이 현장에서 즉시 판단해서 조치할 수 있도록 해달라고 요청했다.

이전에는 고객의 실수로 와인 잔이 깨지거나, 음식을 바닥에 떨어뜨리면 서빙 직원은 홀 매니저에게 보고하고, 홀 매니저는 고객 과실로 비용을 청구시키다가 고객 불만으로 문제가 커지면 총지배인에게 보고하고 총지배인의 최종 판단을 구하는 체계였다. 그러나 언제나 서비스업의 상품력은 현장에서 즉흥적으로 일어난다는 신임 홀 매니저의 주장에 따라 정책을 수정했던 것이다.

직원들의 책임 하에 서비스는 현장에서 즉흥적으로 일어났고 홀 분위기는 활기와 자신감으로 가득 차게 되었다. 이러한 변화에 레스토랑의 평점은 급속도로 올라갔으며, 고객들은 2주 전에 예약하지 않으면 갈 수 없는 식당이 되었다.

현재 상태와 분위기에 대한 파악이 잘된 리더는 그 이후 방향과 솔루션을 정확하고 쉽게 잡을 수 있다. 리더십의 시작은 현실 인식이다. 그래서 우리는 우리의 리더가 현실에 관심을 갖고 잘 파악하고 있는지 유심히 관찰해야 한다.

4

리더는 방향을
결정하는 존재다
벡터 리더십 2. 방향

방향 없는 삽질, 조직에 가장 큰 리스크다

방향이 없는 리딩은 성립하지 않는다. 리딩이란 그 자체로 어디론 가를 향해 움직이게 하는 것이기 때문이다. 리더는 현실 인식을 바탕으로 조직이 움직여야 할 방향을 정확히 잡아야 한다. 그러나 '이 산이 아닌가 봐'와 같은 상황은 생각보다 많이 일어난다.

방향을 잘 잡지 못해 조직이 삽질하는 경우를 뉴스에서 그리고 우리 주위에서 쉽게 볼 수 있다. 조직의 전략 방향 자체가 잘못 설 정된 것을 의미한다. 물론 방향을 잘 잡았는데 의도치 않은 방향으로 모든 여건이 흘러갔을 때는 제외한다.

벡터의 3요소 중 가장 조직에 타격이 큰 것은 무엇일까? 나는 '방향'이라고 생각한다. 삽 들고 다른 산에 올라간, 말 그대로 삽질한 경우다. 삽질은 조직의 소중한 에너지를 낭비한 것이다. 최악의 길로 빠져 헤어나올 수 없게 될 수도 있다. 리더십의 잘못된 방향이 조직에 가장 치명적일뿐더러 구성원들은 가장 힘이 빠진다. 반대로 정확한 현실 인식과 주어진 환경을 제대로 분석하여 나아가야할 방향을 올바로 잡는다면 에너지 소모 없이 효율적으로 목적지까지 빠르고 안전하게 도착할 가능성이 매우 커진다. 이런 경우, 구성원들의 사기충천과 행운은 덤이 된다.

물론 일하다 보면 실패할 수 있다. 실패는 성공의 어머니란 말도 있고, 많은 위인이 실패에 대한 명언을 남겼다. 천재 아인슈타인도 실패에 대해 이런 말을 남겼다.

"실수한 적 없는 이는 결코 새로운 일을 해보지 못한 사람이다."

그러나 이러한 실패의 긍정적 효과를 위해서는 전제되어야 할두 가지 조건이 있다.

하나는 '고민'이 있는 실패여야 한다는 것이고, 또 하나는 다시 도전할 수 있는 '여력'이 남아 있는 실패여야 한다는 것이다. 다시 도전할 여력이 없는 실패는 마지막, 즉 죽음을 의미한다. 자원이든 시간이든 정신이든 어떤 것도 하나 남아 있지 않은 경우인데 이런 경우는 그냥 끝이기 때문에 생략한다.

다시 도전할 여력이 남아 있는 경우엔 고민이 있었느냐, 없었느냐가 매우 중요하다. 쉽게 말해서 리더의 생각이 있었는가, 아무런 생각이 없었는가다. 실패를 되풀이하지 않게 하기 위해서는 반드시 기존에 대한 반성이 필요한데, 고민이 없었던 경우는 반성할 내용 자체가 없기 때문에 실패는 성공의 어머니는커녕, 그냥 가치 없는 쓰레기에 불과하다. 그러므로 리딩에는 방향 설정에 대한 고민, 즉 전략이 필요하다.

전략에는 앞에서 말한 현실 인식을 바탕으로 우리가 나아가야 할 방향, 왜 그 방향으로 가야 하는지를 그리고 어떤 식으로 가야 하는지에 대해 계획을 세워야 한다. 방향 설정에는 왜why와 방법how의 내용이 꼭 들어가 있어야 한다. 그래야 실행 후 결과에 따라 잘된 것과 부족했던 것을 구분해서 평가할 수 있다. 그리고 더 좋은 길을 계속해서 모색할 수 있다.

리더는 '왜'를 고민하는 존재

방향 설정에서 특히 강조되어야 할 점이 '왜'(이유)에 대한 고민이다. 이유에 대한 고민이 부족하거나 틀리게 되면 엄청난 재앙을 초래할 수도 있다. 인류 역사상 가장 큰 사례가 독일 나치 아이히만의 행위다. 포로의 체포와 수송에 대한 총책임자였던 독일의 나치스 친위대 장교 아돌프 아이히만Adolf Eichmann은 수백만 명의 유태인을 아우슈비츠 수용소로 보냈다. 그는 포로들을 최대한 많이, 최대한 빠르게 수송했다. 그리고 학살했다. 가스실이 달린 열차를 만들어 수송 중에도 학살했다. 상부의 지시가 없어도 히틀러가 좋아할 만한 일을 최선을 다해 추진했다. 그 바람에 600만 명의 유대인이 나치에 의해 학살당했다.

아이히만은 진짜 맡은 일을 충실히 잘한 사람이다. 그러나 그는 절대 리더를 하면 안 되었다. 이 일을 왜 해야 하는지에 대한 고민이 없는 인간이었다. 물론 나치라는 집단 그리고 히틀러의 영향력 안에서 생긴 문제였다.

하지만 사회, 이념적 배경과 윤리, 철학적 문제는 잠깐 제쳐두고 아이히만이라는 '리더'를 중심으로 이 사건을 떼어내 살펴보자. 그냥 담당 업무만 착실히 잘하는 자를 조직의 리더로 삼았을 때 닥칠 수 있는 리스크가 어마어마하게 커질 수 있음을 알 수 있다. **이유를 고민하지 않는 인간은 자신의 리딩에 문제점이 있음을 발견하지 못한다.** 상부에서 정해준 대로 아니면 자신의 잘못된 생각대로 방향을 설정하고 최선을 다해 움직일 뿐이다. 이런 인간들은 잘못된 방향을 인식하지 못한다. 충실한 개는 제대로 된 주인을 만나야 하는 것이지, 절대 주인(리더)이 되면 안 된다.

리더가 가고자 하는 이상 세계와 조직의 현실세계 사이에서 벌어지는 밀고 당기기를 통해 조직이 가야 할 방향이 결정된다. 리더의 머릿속에서 일어나는 이미지는 조직에 닥친 다양한 현실 문제들과 함께 어우러져 제대로 된 전략으로 그리고 계획으로 만들어진다. 전략과 계획의 고민은 구체적일수록 좋다. 구체성 없는 움직임은 실패에 대한 반성도 불가능하기 때문에 다시 도전한다 한들 성과를 얻을 수 없다. 계속되는 의미 없는 도전은 조직의 미래와 구성원들의 얼굴을 점점 더 어둡게 만든다. 그런데 우리 주위에선 아무런 생각이 없거나 '일단 해보지 뭐' 혹은 '상부 지시니까.'라는 식의 리딩을 생각보다 쉽게 발견할 수 있다.

리더가 방향성이 없을 때 벌어지는 참사

E사에는 전략기획실장이 있었다. E사 직원들은 전략기획실장이 회사의 전략에 관해 얘기하는 것을 한 번도 본 적이 없다. 공식적인 회의 시간은 물론 가볍게 잡담할 때도 언제나 가십이나 과거 히스토리, 사내 정치, 학연, 지연과 같은 이야기만 했다. 사업이나 경영 전략에 대해 설명하거나 진지하게 얘기하는 걸 본 사람이 아무도 없었다. 그래서 어떻게 이런 사람이 전략기획실장이 될 수 있었는지 모두들 의아해했다.

그는 전략 업무 경험이 없었다. 회사의 인프라 업무와 관련된 경험만 있는 인물이었다. 라인을 잘 탄 사람이었다. 그런데 더 중요한 것은 전략기획실장 자신이 어떤 것이 부족하고 어떤 환경에 처했으며, 어떤 이야기를 하고 있는지 전혀 모르고 있다는 것이었다. 당연히 현실에 대한 파악은커녕, 회사가 방향성 없이 흘러가도 아무런 생각이 없었다. 잠시 후 폭포를 만나게 될지도 모르는 강물 위에서 둥실둥실 떠다니고만 있었다. 동서남북을 모르는 선원에게 방향타 잡이를 맡긴 꼴이었다.

또 다른 사례다. F회사의 경영기획팀원들 얼굴은 항상 죽상이었다. 정확히 설명하기는 어렵지만 여하튼 엄청나게 스트레스를 받아 짜증난다고 한다. 팀장 때문인 것 같은데 뭐가 문제라고 딱 꼬집어서 얘기하기 어렵다고 했다. 그날 이후, 유심히 경영기획팀장의 지시나 팀원들이 일하는 것을 관찰했더니 이랬다.

"팀장님, M사업본부 매출도 계속 줄고, 이익도 안 나는데 규모를 좀 줄여야 하는 거 아닐까요?"

"그냥 놔둬. 괜히 큰일 만들지 마."

몇 달 후 팀장은 갑자기 팀원들에게 회의실로 모이라고 한 다음, 다급히 말했다.

"대표님이 M사업 철수 검토해보래."

"팀장님. 그거 지난 분기에 저희가 검토해야 한다고 말씀드렸잖아요."

"아, 그랬나? 지금 빨리 보고서 만들어줘. 내일 보고해야 해."

"그걸 내일까지 당장 어떻게 만들어요? 사업 철수 건인데 시간을 갖고 꼼꼼히 살펴봐야죠."

"일단, 오더 떨어졌으니 대충 빨리 만들어봐."

또 하루는 이랬다.

"N본부장이 목표 수정해달래."

"아니 목표를 그렇게 쉽게 바꾸면 어떡해요? 다른 본부들도 다 있는데…."

"N본부장 시끄러운 거 알잖아! 일단 줄여봐."

그렇게 만든 보고서들은 경영진 미팅에서 판판이 깨졌다. 준비가 덜 된 자료 보고이니 당연히 지적받을 점이 너무 많았던 것이다. 팀원들에게 구체적인 방향을 주지 못한 채, 힘을 줘야 할 땐 안 주고, 안 줘야 할 땐 주고, 빨리 해야 하는 건 천천히, 천천히 해야 하는 건 빨리, 이런 식의 고민과 방향성 없는 리딩이 문제였다.

영업 출신이었던 팀장은 사람이 좋고 직원들과의 관계가 나쁘지는 않았다. 하지만 사업 조정이나 계획 관리를 해야 하는 경영기획 업무의 전문성이 부족했다. 전문성이 없는 팀장은 일과 조직의 방향을 제대로 잡지 못한다. 이리로 저리로 팀원들을 끌고 다니면서 욕받이 유랑을 다닌다. 팀원들은 실질적인 경력 단절이라고 생각했으며, 결국 모두 이직을 했다.

방향 설정, 즉 전략과 계획의 수립은 리더의 전문성에 가장 크게 좌우된다. **리더에게 전문성은 필수적이다.** 혹여나 리더 자신에게 **특정 전문성이 부족하다면 해당 전문성을 가진 참모(직원)가 반드시**

필요하다. 그리고 그의 의견을 적극적으로 청취해야 한다. 그때 그 직원은 더 이상 부하가 아니다. 마음으론 해당 분야의 상관으로 받들고, 행동으로는 중요한 동업자로 모셔야 한다. 자신의 전문성을 채워주는 참모에게는 절대 군림하면 안 된다.

전문성은 다양한 지식과 경험을 통해 축적된 것으로 통찰력, 분석력, 판단력, 사고력 등 다양한 것들을 포괄하고 있다. 우리는 리더의 전문성 검증을 통해 벡터의 필수 요소인 리더십 방향이 제대로 잡힐 수 있을지 예상할 수 있다. 전문성을 가진 리더가 있고 방향이 제대로 잡힌 조직은 안정적이다. 혹여나 방향이 틀렸더라도 바로 수정할 수 있는 능력이 있다. 우리는 리더를 믿어야 하겠지만, 가끔은 우리의 리더가 전문성을 갖고 있는지, 리더십에 방향이 있는지를 점검해야 한다. 날씨가 좋을 때 가끔 우리가 탄 배의 갑판에 나와 배가 제대로 가고 있는지 주위를 둘러볼 필요가 있다. 멋진 하늘을 볼 겸, 가고 있는 방향도 볼 겸.

5

리더십의 크기가
조직의 추진력을 결정한다
벡터 리더십 3. 크기

추진력, 관성을 뚫고 조직을 움직이는 힘

리더가 정확한 현실 인식을 바탕으로 조직이 나아갈 방향을 정했다 하더라도 조직을 움직일 수 없다면 '말짱 도루묵'이다. 리더십 벡터의 완성은 힘의 크기로 이루어지며 우리는 그것을 '추진력' 또는 '실행력'이라고 부른다.

이 세상 모든 물질은 관성에 따라 움직이고 있다. 우주의 천체들도 항상 움직이던 대로 움직이고, 사람도 습관이라는 관성에 의해 움직인다. 회사와 조직 또한 관성을 갖고 있다. 그냥 놔두면 늘 하던 대로 돌아간다. 그러나 세상의 흐름과 시장 환경은 조직의 관성과는 상관없이 다양한 사건·사고들로 변화무쌍하게 변화한다. 그래서 **조직의 관성만으로는 세상에서 살아남기 힘들다. 이때 리더는 현실 문제를 파악하고 방향을 설정한 후에 조직을 움직일 수 있는 힘의 크기를 만들어내야 한다.** 자동차의 엔진과 같은 추진체가 필요하다. 리더가 조직의 관성을 바꾸지 못할 때 구성원들은 바로 알아차린다. 그리고 떠나거나 무시하기 시작한다. 힘들게 만든 조직과 분위기도 빠르게 나빠지고 끝내 와해된다.

리더가 조직을 움직이게 하는 방법은 다양하다. 구워삶든 흔들어 재끼든 일단 조직을 움직여야 한다. 그런데 우리 주위엔 이 리더십의 크기, 즉 추진력이 약한 리더들이 꽤 많다. 기둥 뒤에서 책임지지 않으려고 조용히 살기를 바라는 인간들, 전략과 계획을 잘 세워놓고 실행은 하지 않는 인간들 그리고 시작은 했으나 마무리를 하지 못하고 방치하는 인간들. 이들 모두 형편없는 엔진을 갖고 있는 깡통 자동차와 같다.

D회사에서의 일이다. 전 사 사업 포트폴리오 재정비를 위해 회사의 최우수 직원들로 태스크포스팀을 구성하여 몇 개월간 작업을 했다. 대표이사와 임원들에게 보고가 끝났다. 잘 준비했다고 대표이사에게 칭찬받았다. 다들 손뼉을 치면서 훈훈하게 마무리했다. 그리고 이후 실행은 아무것도 없었다. 사업 포트폴리오를 세웠으면 해당 사업을 해야 하는데 태스크포스팀 리더와 실무자 누구

도 이후 프로세스를 챙기지 않았다. 의아했던 나는 태스크포스팀 팀장에게 물었다.

"보고된 계획대로 왜 실행을 안 하죠?"

"실행? 어차피 대표이사 바뀌면 다 바뀔 텐데 뭐 하러 해."

"네? 그럼 보고는 왜 한 거죠?"

"일단 대표이사는 있으니까. 고민한 척은 해야지."

뭘 그렇게 당연한 걸 물어보냐는 눈치였다. 보고 완료는 말 그대로 보고가 끝이었다. 방향을 잘 세워놓고 움직이지 않았다. 대기업이었던 D회사는 그럭저럭 관성에 의해 굴러갔다. 하지만 장기간 관성대로 움직이던 조직은 실행력을 잃었고, 끝내 사업부별로 쪼개져서 다른 계열사에 합병되거나 외부에 매각되었다. D사는 공중분해되었다.

이렇게 될 걸 다들 예상하고 실행하지 않았을 수 있고, 실행하지 않아서 공중분해되었을 수도 있다. 닭이 먼저냐 달걀이 먼저냐였다. 어찌 됐든 악순환은 꼬리에 꼬리를 물고 반복되어 점점 더 어려운 상황에 빠진다. 이 악순환의 고리를 끊는 것이 리더십인데 작동하지 않았다. 관성을 깨지 못한 조직은 아주 천천히 경직되어 움직일 수 없었고 끝내는 썩기 시작했다.

'지금 이대로가 좋아.', '지금 상태를 유지하는 게 최선이야.'라고 생각하는 리더에게는 그렇게 생각하는 구성원들만 남게 된다. 예전에는 잘나갔으나 점점 쇠퇴한 회사들은 대부분 추진력이 없는 리더에 의해 보수적으로 운영된 경우가 많다. 소니, 코닥 같은 잘 나가는 기업의 저속 몰락을 우리는 알고 있다. 다시 살리려면 무엇이라도 해야 했다. 죽어가는 조직을 위해 어떠한 변화라도 시도했어야 했다. 다양한 고민이 있었을 것이다. 그러나 그것을 실행할 리더의 용기와 추진력은 턱없이 부족했다.

많은 기업이 트렌드에 아주 민감하다. 상당히 빠르게 조사하고 검토하여 보고서를 작성한다. 보고와 보고를 반복한다. 그러다가 경영진이 바뀌면 또 새로운 트렌드를 조사하는 일을 반복한다. 이쯤 되면 모두 보고 일정을 새로 잡고, 보고를 잘 마치는 것이 목적이 된다. 보고 자체가 목표와 비전이 된다. 보고 행위 자체를 일이라고 믿게 되고, 보고에 대한 칭찬이 최종 성과가 된다. 이러한 조직에서는 구성원들이 만든 보고서의 워딩을 수정하거나 도형의 색깔을 바꾸는 것이 리더의 아주 중요한 임무가 된다.

리더는 자신의 책임을 전가하면 안 된다

예전 회사 후배와 오랜만에 한잔했다. 후배의 현재 회사에도 저低추진력 리더가 있었다고 했다. 자신의 직속 임원 상사였던 그는 모든 일에 후배의 의견을 물었다고 한다.

아주 간절한 눈빛으로 "김 매니저, 박 부사장이 이 외주업체 좀 검토해달라는데 어떻게 생각해?"라고 말이다. 그리고 또다시 아주 절실한 눈빛으로, "김 매니저, 허 본부장이 고객사 대표 딸 아르바이트 두 달만 안 되냐고 하는데 어떻게 생각해?"라고 물었다.

후배는 그의 눈빛이 정말 진절머리가 난다고 했다. 항상 의견을 물어보는 것처럼 질문하지만 그는 눈빛으로 이렇게 말하고 있었다.

'센 사람의 요청인데 그냥 무시하면 안 될 거 같아. 그런데 난 모르겠어. ㅎㅎㅎ.'

매번 이런 식으로 물으면서 나중에 이슈가 되면 언제나 '김 매니저가 된다고 했어요. ㅎㅎㅎ.'라는 눈빛으로 자신을 뚫어져라 쳐다본다고 한다.

"에이, 거짓말."

내가 드라마에나 나올 얘기라며 말도 안 된다고 했더니, 갑자기 후배가 울컥하면서 화를 냈다. '책임 전가 대마왕'인 그를 임원으로 만든 최고의 치트 키cheat key는 '센 사람 라인 타기'와 '어떻게 생각해?'라고 말하면서 그는 허탈하게 술잔을 기울였다.

팀원의 의견을 듣고 판단하고, 그 판단에 책임을 지는 것이 리더가 할 일이다. 그런데 팀원의 동의를 구걸해 그들에게 판단의 책임을 전가하거나, 분배하는 리더 같지 않은 리더도 있다. 수평적 문화를 지향한다는 핑계로 자신이 짊어져야 할 가장 중요한 책임을 팀원들에게 교묘히 전가하고 연봉과 성과급은 제일 많이 챙긴다. 이런 리더들은 책임 소재나 절차적 정당성을 따지는 경직된 기업문화 안에서 더 많이 양산되며, 미꾸라지 같은 사람들에서 주로 나타난다. 이런 류의 인간은 절대 리더를 시키면 안 된다.

리더는 자기 조직의 모든 책임을 온전히 짊어져야 한다. 책임감을 갖고 보고서를 만들게 하고 결재만 하는 존재가 아니라 실체가 있는 진짜 가치를 조직 내에서 만들어내야 한다. **리더는 다양한 방법으로 조직을 흔들고 깨워서 눈에 보이는 변화를 만들어야 한다. 지시, 공감, 유도, 상벌, 진도 체크, 네트워크 활용 등등 여러 가지 수단과 방법을 가리지 말아야 한다.**

당연히 이러한 활동들은 법적, 사회 통념적으로 아무런 문제가 없어야 한다. 괴롭힘이나 폭력은 절대 안 된다. 순간적 혹은 극단적 처방이 효과가 있는 경우도 있다. 조직의 생사가 걸려 있는 급박한 순간에 도움이 될 수도 있다. 그러나 평상시나 중장기적으로는 절대 도움이 되지 않는다. 움직임이 없어 조직이 썩는 것이나 괴롭힘이 만연하여 억지로 움직이는 척하는 것이나 둘 다 죽음을 향해 가는 것은 같다. 리더는 그동안 조직에 익숙했던 관성을 뚫고 정해진 방향으로 모두가 움직일 수 있도록 강렬한 의지와 투혼에 불을 지펴야 한다. 조직이라는 로켓의 추진은 리더의 열정과 에너지에 달려 있다.

리더가 힘의 벡터 3요소를 무조건 갖춰야 하는 이유

앞에서 살펴보았듯이 세 가지 벡터 요건이 충족되지 않은 사람은 절대 리더를 시키면 안 된다. 그러나 아직도 연공서열 혹은 그동안 함께했던 의리로 리더를 맡기는 경우가 허다하다.

"그 친구도 이제 짬밥이 찼으니, 팀장 해야지."

"여기서 고생 많이 했으니, 사업부장은 시켜줘야지?"

"동기들 다 임원 달았는데, 이제 할 때 됐어."

모두 벡터 요소와 관계없는 판단이다. 이런 오류로 탄생한 리더들은 방향은커녕 현실도 보지 못한다. 추진력은 당연히 부족하다. 절대 조직을 움직이지 못한다. 변화가 없는 조직은 한순간 위험에 빠지거나 서서히 활력을 잃고 쇠퇴한다.

요즘 대기업에서도 30, 40대 임원이 나오고 있다. IT, 게임업계에서는 능력 중심의 젊은 리더가 보편화된 지 오래다. 아주 바람직한 현상이다. 하지만 연공서열과는 반대되는 어려움을 겪고 있다. 처음으로 큰 조직과 역할을 맡게 된 그들은 좋은 리더가 되기 위해 이것저것 공부도 많이 하고 신경을 많이 쓴다. "보스boss가 아닌 리더leader가 되어야 한다."와 같은 말에 흔쾌히 동의하면서 말이다. 이러한 행동은 이미 리더를 하고 있었던 사람들도 마찬가지다.

그러나 진정한 리딩에 가장 기초적인 것은 조직을 움직이는 최

● 벡터 리더십

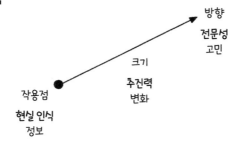

소한의 물리적인 힘이다. 어떠한 산업군이든 어떠한 조직이든 예외 없이 리더라면 리더십이라는 힘의 벡터 요소 세 가지는 무조건 갖추어야 한다.

조직의 현실을 정확히 인식하고 조직이 가야 할 방향을 설정한후, 지칠 줄 모르는 강한 의지를 불태우며 끊임없이 꿈꾸고 변화하며 도전하는 사람이 리더다. 너무나도 당연한 리더상이다. 조금은 올드한 느낌까지 든다. 그래서인지 우리는 잊고 있었다. 다양한 리더십 트렌드의 홍수에 가려져 우리의 진정한 리더상은 잊고 있었다. 이제는 절대 잊지 말자. 리더십은 벡터라는 힘이라는 것을.

6

리더십에 따라 조직의 변화가 달라진다
뉴턴의 운동 제2법칙

뉴턴의 운동 제2법칙은 '리더십의 공식'이다

17세기 아이작 뉴턴 Isaac Newton 은 '힘'의 개념을 정리한 역학 체계를 완성했다. 그중 가장 핵심이 되는 내용이 있는데, 그것은 힘과 물질 그리고 변화의 상관관계를 나타낸 '뉴턴의 운동 제2법칙' Newton's laws of motion 이다. 너무나 유명한 이 식은 '가속도의 법칙' law of acceleration 이라고도 불린다.

조금은 익숙하지 않은가? 벡터의 개념과 같이 이 친숙한 공식 안에도 중요한 의미가 담겨 있다. F는 force, 힘이다. 앞에서 살펴

● **뉴턴의 운동 제2법칙**

$$F = m \cdot a$$

(힘)　　　(질량) (가속도)

보았던 것처럼 힘(F)은 벡터다. 그리고 우리는 힘(F)을 리더십과 같다고 생각할 수 있다.

　m은 질량mass이다. 우리에게는 질량이라는 단어도 왠지 낯설게 느껴지지 않는다. 무게와 비슷한 개념으로 과학시간에 배운 것 같은 느낌이 들 것이다. 하지만 이 친숙해 보이는 질량도 힘과 마찬가지로 우리가 알지 못했던 아주 어마어마한 의미를 담고 있다.

　'질량'은 질質과 양量이란 개념이 합쳐진 단어다. 우리는 '질적이다' 혹은 '양적이다'라는 표현으로 서로 상반되는 의미로 많이 쓴다. 그러나 공교롭게도 상반되는 두 단어가 만나 한 단어가 되었다. 동등하게 만난 것이 아니라 질이 주인공이고 양이 질을 꾸며준다.

　'질'은 사물의 속성, 가치, 됨됨이, 근본, 바탕을 의미하는 물질의 근본을 뜻하며, '양'은 그 질의 크기를 의미한다. 그러므로 '질량'은 물체가 가지고 있는 근본의 크기를 나타내는 물리량으로 벡터가 아닌 스칼라다. 질량은 지구에서 측정될 때와 달에서 측정될 때 모두 같다. 그러나 '무게'는 지구에서 측정될 때가 달에서 측정될 때보다 6배나 무거워진다. '질량'은 어디에서나 변하지 않는 양이고, '무게'는 중력에 따라 달라지는 양이다. 질량은 오묘한 힘과 어마어마한 에너지와 관계가 있는데 좀 더 자세한 설명은 뒷부분에 나올 예정이다.

일단 조직에 대해 이야기하고 있으므로 질량은 조직의 근본 크기라고 쉽게 생각해보자. 조직의 규모뿐만 아니라 가능성, 영향력, 권위 등 조직의 본질을 나타낼 수 있는 종합적인 양이 질량이다. 좀 더 쉽게 '조직의 크기'라고 생각하자.

a는 가속도acceleration를 나타낸다. 가속도는 속도가 변화한 것을 의미하는데, 어디에서 어느 방향으로 얼마만큼 변화했는지를 나타낸다. 그러므로 가속도도 벡터다. 원래 가지고 있던 속도(우리는 이것을 '관성'이라고 한다)를 변화시켜 다른 속도로 만든 것을 '가속도'라고 한다. 원래의 상태가 바뀌는 것을 속도로 나타낸 것으로 큰 차원으로는 물체의 변화를 의미한다. 우리는 가속도(a)를 '조직의 변화'로 생각할 수 있다. 이제 뉴턴의 운동법칙을 리더십에 적용할 준비가 되었다.

조직의 변화는 리더십에 비례하고, 조직의 크기에 반비례한다

그렇다면 뉴턴의 운동 제2법칙에서 힘(F)은 리더십, 질량(m)은 조직의 크기, 가속도(a)는 조직의 변화로 정리할 수 있다. 벡터의 필

- **'뉴턴의 운동 제2법칙'으로부터 '리더십의 공식' 유도**

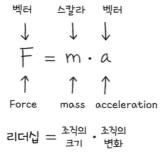

$$\underset{\underset{\text{Force}}{\uparrow}}{\underset{\text{벡터}}{\downarrow}} F = \underset{\underset{\text{mass}}{\uparrow}}{\underset{\text{스칼라}}{\downarrow}} m \cdot \underset{\underset{\text{acceleration}}{\uparrow}}{\underset{\text{벡터}}{\downarrow}} a$$

$$리더십 = \frac{조직의}{크기} \cdot \frac{조직의}{변화}$$

수 요소 세 가지를 가지고 있어야 진정한 리더십이 된다는 것을 앞에서 배웠다. 그런데 진정한 리더십은 또다시 조직의 크기와 조직의 변화와 상관관계를 갖고 있다. 더 쉽게 말해서 조직 크기와 조직 변화에 대해 얼마만큼의 리더십이 적합한지를 알 수 있다. 뉴턴의 운동 제2법칙은 리더십, 조직의 크기, 조직의 변화 이 세 가지의 상관관계를 가르쳐준다.

a도 F와 같은 벡터다. 조직의 변화도 작용점, 방향, 크기를 갖는 벡터다. 그러므로 조직의 변화도 단순히 변화하는 게 중요한 것이 아니라 처음엔 어떤 상황이었는데 어떤 방향으로 얼마만큼 변화했냐가 중요한 것이 된다.

조직의 변화(a)를 중심으로 위의 식을 쉽게 풀어보면 다음과 같다. **조직의 변화는 리더십에 비례하고, 조직의 크기에 반비례한다.**

즉, 조직이 크면 변화시키기 어렵다. 큰 조직은 무겁게 천천히 움직인다. 오랫동안 관성에 의해 움직여왔다면 웬만한 리더십으

● 조직의 변화 공식

$$a = \frac{F}{m} \qquad \text{조직의 변화} = \frac{\text{리더십}}{\text{조직의 크기}}$$

로는 조직의 변화를 끌어내기가 쉽지 않다. 스타트업보다 대기업을, 대기업보다 공무원 조직을 변화시키는 것이 어려운 이유가 바로 이것이다. 이것이 '뉴턴의 운동 제2법칙'에서 그대로 증명이 된다. m값이 커지면 a값이 작아진다. 변화가 어려워지는 것이다. 따라서 변화를 이끌어내려면 큰 조직을 다룰 수 있을 만큼의 커다란 리더십이 필요하다. 우리가 너무도 당연하게 예상할 수 있는 현상이 이 식에 의해 증명이 된 것이다.

● 큰 조직을 변화시키기 힘든 이유

$$\frac{F}{m} = a$$

몇 명으로 이루어진 작은 조직에서의 리더십은 아기자기해도 문제가 되지 않는다. 아니 오히려 그게 맞다. 구성원들과 이런저런 얘기도 하면서 진짜 말 그대로 동고동락, 이심전심해야 한다. 하지만 조직이 몇백 명 이상 되는 규모로 커지면 '우리가 남이가!', '척 하면 척!' 같은 이심전심 가족애 작전은 더는 통하지 않는다.

큰 조직에는 큰 리더십, 즉 벡터 3요소의 값이 모두 큰 리더가 필요하다. 현실 인식도 더 깊고 넓게, 전문성도 아주 많고, 추진력도 매우 강한 리더가 필요하다. 이런 리더는 자신만의 철학을 가지고 지향하는 가치가 높으며, 시스템적인 사고와 위임 체계를 만들 줄 알고, 대중과의 소통 능력도 뛰어나야 한다. 그냥 옆집 이장님이나 사촌 언니처럼 해서는 큰 조직을 이끌 수 없다.

변화는 조직의 규모와 수준에 맞아야 한다

지인 중에 초창기 게임 개발사에서 인사를 담당하던 사람이 있다. 그는 30명이 채 안 되는 회사의 인사와 지원 업무를 맡았었다. 초기에 이렇다 할 흥행작을 내놓진 못했지만, 대작을 위한 투자도 받고 모두 최선을 다해 노력했던 회사였다. 그 사람 또한 열정적이었다. 세 명의 팀원과 함께 채용도 하고 단합행사도 개최하고 교육도 했다. 그들은 올라운드 플레이어였다. 할 일은 많고 사람은 없었다. 담당 업무를 나눌 수도 없었다. 그때그때 필요한 것들을 모두 함께했다. 큰 회사들처럼 체계적이고 안정적으로 팀을 운영하고 싶었지만 그렇게 할 여유도 없고 시간도 없었다.

그렇게 열정적인 시간이 지나 마침내 흥행작이 터졌다. 순식간에 회사 매출은 증가했고, 전 사 인원은 늘어서 어느새 몇백 명이 넘어갔다. 다시 대작 게임 개발에 박차를 가해 두 번째 흥행작까지 만들며 회사는 승승장구했다. 회사는 이제 더 이상 가족 같은 분위기는 사라지고, 모르는 얼굴들이 대부분인 회사가 되어갔다.

지인은 인사 업무의 리더로서 이젠 업무 권한도 시니어들에게 분배하고 제도와 시스템으로 일해야 했다. 그리고 더욱 성장할 미래에 맞는 인사 전략과 계획을 준비해야 했다. 하지만 머리로는 알겠는데 그렇게 일해본 경험이 없는 지인은 몸과 마음이 그렇게 움직여주질 않았다. 예전 스타일대로 직원들의 요청을 처리해주는 지엽적인 업무에만 신경을 썼고, 본인이 A부터 Z까지 다 해야 직성이 풀리는 스타일이라 권한 위임도 잘 되지 않는 상사가 되어 있었다. 당연히 경영진도 지인의 역량과 퍼포먼스에 대해 불만이 있었다. 그러나 초창기부터 함께해온 사람이었기에 먼저 헤어지자고 말하기가 부담스러웠다. 지인도 이런 상황을 잘 알아 스트레스를 받고 있었다. 시간은 속절없이 계속 흘렀고 이런 어정쩡한 상태가 계속되었다.

이러한 인사 조직장의 관리체계는 당연히 허술할 수밖에 없었다. 끝내 사업부서에서 권력형 성희롱, 갑질 신고가 들어왔고, 술에 취해 사무실에 들어와 난동을 피우는 등 크고 작은 사건·사고들이 줄을 이었다. 직원들의 불만은 커졌으며, 내부 사정을 알고 있는 투자자와 퍼블리싱 회사의 걱정과 질책이 쏟아졌다. 회사의 덩치는 커졌지만, 정신은 어린아이 수준이었던 것이다. 급기야 언론에서도 이슈 보도를 하게 되었고 투자사에서 책임을 묻기 시작했다. 인사 업무를 담당하고 있던 지인은 이 일들로 인해 한계를 느끼고 회사를 떠날 수밖에 없었다.

반대의 경우도 있다. **스타트업처럼 작은 조직에 너무 큰 리더십과 변화를 주게 되면 조직의 스트레스 강도가 높아지고, 받아줄 수 있는 용량이 넘쳐서 큰 위험에 봉착할 수도 있다.**

● **작은 조직에 큰 변화와 리더십을 발휘할 경우**

$$\frac{F}{m} = a$$

리더십 수준이 낮아야 한다는 뜻이 아니다. 그리고 경영철학이나 관리체계가 필요 없다는 말도 아니다. 조직과 직원들의 규모와 수준에 맞게 그리고 그들의 특성과 처한 환경에 맞게 리더십과 변화가 일어나야 한다는 것이다. 작은 조직인 만큼 근거리에서 아기자기하게 변화의 힘이 일어나야 한다는 뜻이다. '글로벌 1등 제품 회사'란 큰 비전을 갖고 있더라도 막 시작하는 소수 혹은 초보 조직에서는 '단 한 명의 고객에게 인정받는 제품', '기초부터 하나씩! 핵심만!'과 같이 현 단계에 맞는 바로 실행할 수 있는 목표를 설정하고 그 단계에 맞는 리더십을 세팅해서 키워가야 한다.

조직의 크기에 비해 과도한 변화는 역효과만 낳는다

한 스타트업 회사를 방문한 적이 있다. 아르바이트 앱 회사였다. 프리랜서 시장이 커지면서 긱 경제gig economy(빠른 시대 변화에 대응하기 위해 비정규 프리랜서 근로 형태가 확산되는 경제 현상)가 본격적으로 커지고 있는 현장이었다. 20명 조금 안 되는 직원들이 일해서인지 아주 젊고 활기가 넘쳤다. 서비스 담당자들과 함께 다과 시간을 갖고 이런저런 수다를 떨었다. 분위기가 매우 좋아보였다. 그후 대표와 따로 티타임을 가졌다. 대표에게 분위기가 좋아 보인다고 했더니, 갑자기 한숨을 쉬며 그간의 일을 털어놓았다.

몇 개월 전, 대표는 전체적으로 사업 운영과 경영관리를 해줄 임원 한 명을 대기업 출신으로 뽑았다. 그런데 그 사람이 며칠 전 그만둔 상황이란다. 입사 전에는 경험도 많고 큰 조직 생활을 한 사람이니 많은 기여를 해줄 것 같아서 대표와 직원들은 기대를 많이 했었다고 한다. 예상처럼 그는 출근한 이후 기본부터 잡겠다며 규정집을 만들었고, 모든 업무에 대해서 매뉴얼 작업에 돌입했다. 대표는 '대기업 출신이니 체계적으로 일과 조직을 관리해주려고 하나 보다.'라고 기대했단다. 그래서 그가 하는 일을 일단 지켜보기로 했다. 그런데 서서히 직원들의 표정이 안 좋아지기 시작했다. 계속 업무도 변하고 상황도 변해 안 그래도 할 일이 많은데, 새로 온 관리이사가 직원들에게 잔소리와 함께 여러 가지 업무 정리정돈을 지시하기 시작했다는 것이었다. 정리가 하나도 안 되어 있어 체계적으로 일을 할 수 없다며 아주 단호하게 말했다고 한다. 지속 성장을 위해서는 규정화와 매뉴얼화, 업무표준화는 필수적이라고 대표를 설득했다. 책상정리도 시키고, 창고와 회의실은 항상 깨끗하게 정돈되어 있어야 했다.

대표는 회사에 안정감이 생길 것 같았지만, 내심 직원들의 불만이 걱정되었다. 그러나 그런 염려는 관리이사에게는 통하지 않았다. 그는 나약해지면 직원들에게 휘둘리게 된다며, 자기 생각을 끝까지 고수했다. 자신이 하자는 대로만 하면 빠른 성장과 발전을 이룰 것이라고 대표를 안심시켰다고 한다.

몇 주 후에 관리이사가 아르바이트 사업에만 집중하고 있는 것을 프리랜서까지 넓혀야 한다고 주장했다. 하지만 프리랜서 전문 앱은 잘하는 다른 회사가 따로 있었고, 타깃과 일의 종류가 달라지기 때문에 많은 부분을 새로 개발해야 하는 상황이었다. 그런데도 그는 현재 직원들로 할 수 있다고 주장했다. 직원들은 폭발했다. 현재 아르바이트 서비스도 개선해야 할 부분들이 많은데, 또 서비스 플랫폼을 하나 더 만드는 것은 불가능하다는 의견이었다.

그럼에도 이사가 뜻을 굽히지 않고 계속 밀어붙이자, 개발자들이 단체로 사표를 냈다. IT 대기업으로 개발팀 전체가 옮겨갈 거라고 했다. 디자이너들과 운영 쪽도 모두 그만두겠다고 들썩였다. 이사는 모두 나약하다고 싹 다 바꾸자고 말했다. 외주화를 알아보겠다는 것이다. 대표는 고심 끝에 이사와 헤어지는 쪽을 선택했다. 그가 현실에 대한 균형감이 부족하다고 생각했기 때문이다. 조직의 크기에 비해 너무 과도한 변화를 일으키려고 했고, 무리한 리더십을 강행한 것이 문제였던 것이다.

조직과 리더십의 균형, 어떻게 찾을까?

현재 대한민국의 기업들은 조직과 리더십의 접점을 찾지 못해 고민이 많다. IT, 게임 회사들은 작고 유연한 조직으로 출발하여 성공 신화를 쓰면서 조직의 규모가 급속도로 커졌다. 커진 규모에 맞는 적절한 리더십과 뒷받침해주는 시스템과 체계를 갖추어야 하는데 쉽지 않은 상황이다. 리더의 갑질이나 수준에 맞지 않는 조직관리력이 문제가 되고 있다. 정신은 어린아이인데 몸이 어른이 된 것과 같다. 아주 불안정한 상태다.

반대로 기존의 대기업은 체계와 시스템이 잘 갖춰져 있고 문화도 상대적으로 안정적인 편이다. 하지만 이러한 안정은 오히려 조직의 변화를 거부하는 기존의 관성을 더 강화시킨다. 특히 관성에 찌든 고정관념의 꼰대, 안전지향형 리더들이 엄청 많다. IT, 게임사보다는 상대적으로 강한 리더십을 갖고 있다고 생각하지만 그것 또한 착각이다. 늘 하던 대로 하는 관성을 넘어서기엔 턱없이

● **벡터의 3요소와 운동법칙에 적용한 리더십의 형태**

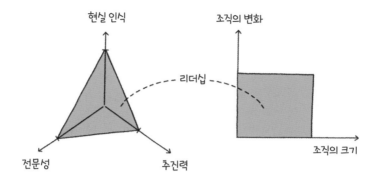

부족하다. 리더십 크기가 관성을 이기지 못하는 한계를 갖고 있다. 이런 식으로 시간이 흘러 더욱 심하게 조직이 경직되면 아무리 큰 리더십이 있어도 조직에 변화를 주기란 정말 쉽지 않다.

IT, 게임 회사 등 성장기 기업들은 불안하고, 오래된 대기업들은 무겁고 갑갑하다. 과연 적절한 방법이 없을까? 반반씩 섞으면 좋겠다는 생각이 절로 든다. IT, 게임 회사들은 현재보다 조금 더 큰 **리더십과 관리체계를 갖출 필요가 있다.** IT 산업에 대한 이해와 적응이 가능한 리더를 찾아 연결시켜야 한다. **대기업은 반대로 젊은 리더들에게 기회를 주고, 가지고 있는 시스템과 문화가 그들의 유연화 작업을 방해하지 않도록 해주어야 한다.** 더 이상 조직이 경직되지 않도록 계속해서 이 시대가 요구하는 유연함에 대해서 교육하고 생활화해야 한다.

다만 시간을 갖고 천천히 단계적으로 실천해야 한다. 회사들이

체질 자체를 급히 바꾸려고 하다가 실패하고 다시 예전으로 돌아가는 경우가 많다. 실제 변화를 일으키기란 정말 쉽지 않다. 그리고 문화를 바꾸는 것은 더욱 쉽지 않다. 문화를 바꾼다는 것은 지금껏 성장하고 만들어진 자기 존재에 대한 부정으로 느껴질 수 있기 때문이다. 자기 존재의 부정은 자칫하면 조직의 정체성을 잃게 하고 조직의 자존감을 잃을 수 있기 때문에 특별히 조심해야 한다.

다시 한번 강조하지만 제발 리더의 스타일이 리더십(힘) 자체라고 오해하지 말자. 리더의 스타일은 리더십을 이루는 하나의 작은 특성이다. 리더십 앞에 붙일 수 있는 여러 형용사 중 하나일 뿐이다. 리더십 자체는 형용사가 아닌, 힘의 본질인 벡터와 운동법칙으로 해석되어야 한다. 어떠한 스타일이든 상관없다. **적절한 리더십이란 벡터의 3요소를 갖고 있고, 조직의 크기와 필요한 변화를 고려한 힘을 의미한다.**

조직의 크기와 변화 그리고 리더십의 상관관계를 뉴턴의 운동 제2법칙으로 살펴보았다. 조직의 크기와 요구되는 변화 수준에 따라 적절한 리더의 선정과 리더십 발휘가 중요하다는 것도 알게 되었다. 벡터와 운동법칙에 의한 리더십이 발휘될 때, 우리의 조직은 천천히 제대로 된 방향으로 움직이기 시작한다.

7

리더와 팔로어 사이에는 끌어당기는 힘이 있다
만유인력의 법칙

리더와 오케스트라 지휘자의 공통점

리더십이 절실하게 필요한 직업 중 하나가 오케스트라 지휘자다. 조화롭게 다양한 악기들을 연주하게 하여 하나의 멋진 하모니를 만들어내는 지휘자에게 리더십은 필수적이다. 역사상 가장 뛰어난 지휘자를 둘을 꼽으라고 하면 카라얀과 번스타인이 있다. 이 두 사람은 서로 다른 대조적인 리더십 스타일로 유명하다.

카라얀은 강렬하고 독재적인 카리스마로 오케스트라를 열정적으로 이끌어 주옥같은 연주와 명반을 만들어냈다. 반면 번스타인은 따뜻하고 위트 있는 리딩으로 연주자들이 즐겁게 합주할 수 있는 분위기를 만들어 최고의 연주를 이끄는 리더였다. 이렇듯 리더십에도 다양한 스타일이 있으며 어떤 것이 맞다고 할 수 없다. 모든 리더는 자신만의 스타일로 카리스마를 발휘한다.

카리스마가 리더십의 전부는 아니다

카리스마에 대해 알아볼 필요가 있는데, 예전부터 리더십의 한 종류라고 여겨져 왔다. 강력한 인상을 주는 배우나 인물에 카리스마가 있다고 얘기들을 많이 해왔다. 카리스마charisma는 기적을 만들어내는 초능력이란 뜻의 그리스어에서 파생된 단어로 대중을 이끄는 능력을 의미한다. 카리스마는 리더가 팔로어 한 명을 당기는 끌림 현상을 만든다. 카리스마는 리더십 전체를 더욱 강하게 하는데 도움이 된다. 벡터의 3요소 중 '크기'의 범주에 들어갈 수 있을 것이다. 그러므로 카리스마만 있다면 작용점과 방향이 없기 때문에 완벽한 리더십이라고 할 수 없다. 그럼에도 아직도 사람들은 카리스마 자체를 온전한 하나의 리더십이라고 생각하는 경향이 있다.

독일의 사회학자이자 경제학자 막스 베버Max Weber는 지배의 종류를 세 가지로 보았다. 왕과 같이 운명으로 정해진 '전통적 지배',

규정·규칙에 의한 '합리적 지배' 그리고 이런 톱다운 형태가 아닌 팔로어들의 추대에 의한 '카리스마적 지배'로 분류했다. 그중 카리스마적 지배는 형식과 일반성에 얽매이지 않고 혁신적이고 파괴적인 특성을 갖는 지배로 해석하고 있다. 현대에 들어와 카리스마는 더욱 세분되고 있다. 리더들의 다양한 매력과 스타일이 조명받고 강조되고 있다. 경험 많은 전문가부터 감성 터치 그리고 서번트, 서포트와 같은 리딩의 반대 개념까지 나왔다. 모두가 카리스마의 일종이며 팔로어들의 마음을 움직이게 하는 것들이다.

리더의 존재감이 커야 조직이 끌려온다

이 작은 힘은 조직을 움직이는 더 큰 힘인 리더십을 돕는 잔근육과 같다. 리더와 팔로어 서로의 관계가 끈끈하면 리더십 발휘는 한결 수월해진다. 그러나 반드시 좋다고만 단정할 수도 없다. 그 둘의 좋은 관계가 조직을 이끄는 긍정적인 힘이 될 수도 있지만, 학연, 지연과 같이 조직에 해로운 힘이 될 수도 있기 때문이다.

어쨌든 물질의 관계 사이에서 작용하는 힘 또한 자연법칙을 따르는데, 이것이 뉴턴의 '만유인력'이다. 만유인력이란 질량을 갖는 모든 물체는 서로 끌어당기는 힘이 존재한다는 것이다. 이 이론에 따르면, 질량이 있는 두 물체 사이에는 두 질량의 곱($M \cdot m$)에

- **만유인력 공식**

$$F = G\frac{m \cdot M}{r^2}$$

두 물체 사이의 이끄는 만유인력, 힘(F)은 두 물체의 질량(M)과 질량(m)의 곱에 비례하고, 두 물체 사이의 거리(r)의 제곱에 반비례한다. G는 만유인력 상수로 고정된 보정값이다. 이 법칙을 리더와 구성원의 관계로 바꿔보면 F는 리더와 구성원 사이의 끌리는 힘, M은 리더의 질량, m은 구성원의 질량, r은 리더와 구성원 사이의 거리가 된다.

비례하고 두 물체 간 거리의 제곱(r²)에 반비례하는 '서로가 당기는 힘(F)'이 작용한다. 이 힘은 질량이 더 큰 쪽으로 끌리게 된다. 지구 위의 사과든, 사람 사이든 모든 물체는 만유인력의 법칙 law of universal gravitation 의 지배를 받는다.

여기서도 질량이 나온다. 앞에서도 나왔던 질량은 물체의 질의 양, 즉 속성, 가치, 근본, 바탕의 크기를 의미한다. 리더십 이야기를 하고 있는 차원에서 사람의 질량에 대해 생각해볼 필요가 있다. 그 사람의 질량은 그 사람의 근본, 됨됨이와 같이 정신과 신체를 포함한 그 사람의 질적인 모든 것에 대한 크기라고 볼 수 있을 것이다.

큰 산과 같은 마음을 가진 사람이 있고, 밴댕이 소갈딱지를 가진 사람이 있다. 또 다른 예는 아주 건장한 체격에 엄청난 실력의 프로선수 출신 투수가 있고, 어제 마신 술이 깨지 않아 푸석한 얼굴에 배가 튀어나온 옆집 아저씨 스타일의 아마추어 투수가 있다. 두 사람 중 질량은 누가 큰지는 말 안 해도 알 수 있다.

리더십 차원으로 볼 때, 리더의 질량(M)이 구성원의 질량(m)보다 항상 커야 한다. 그래야 리더 쪽으로 구성원이 끌려오고 리더는 구성원을 이끌 수 있다. 리더는 '만유인력'이라는 이 오묘한 힘을 통해 리더십을 공고히 해나간다. 리더가 구성원을 당기는 힘이 바로 '카리스마'다. 그러므로 카리스마는 만유인력이다.

사실 정확히 말하면, 질량이 큰 물체와 사람이 직접 당기는 힘을 갖고 있는 것은 아니다. 질량이 크면 주위의 중력장을 변화시켜(일그러뜨려) 주변에 다른 물체가 자신의 쪽으로 움직이게 만드는 원리인데, 이것을 아인슈타인이 상대성이론으로 밝혀냈다. 이 내용은 이후 '상대성이론'에서 더 자세히 다루도록 하겠다.

이처럼 '질량'은 리더십에 있어서 아주 중요한 요소 중 하나다. 사람에서의 질량은 '존재감'이라고도 말할 수 있다. 존재감이 큰 사람은 주변에 영향을 미친다. 주변의 장을 변화시켜 주변 사람들의 움직임을 자신의 방향으로 향하게 만든다.

리더와 팔로어 사이의 만유인력은 사랑과 닮았다

요즘 MZ세대 직원들 책상 위엔 뚱뚱한 호랑이처럼 생긴 인형이 보일 때가 있다. '뚱랑이'라는 캐릭터다. 젊은 친구들에겐 친근한 캐릭터로 온오프라인에서 많은 인기를 얻고 있다. 뚱랑이는 MZ

세대의 피곤함과 걱정을 무표정한 귀여움과 게으름으로 달래주는 역할을 한다. 살기 빡빡한 이 시대에 딱 필요한 공감 캐릭터다.

뚱랑이를 탄생시킨 스튜디오무*의 S대표는 원래 H자동차회사 외장 디자이너였다. 대학을 졸업하고 자신이 그렇게 원하던 자동차 디자이너가 되었다. 하지만 허구한 날 일에 치여 자신만의 삶을 살지 못했다. 2015년 사랑하는 과 후배이자 S회사의 제품 디자이너였던 B디자이너와 결혼했다. 그리고 S대표는 안정적인 회사 생활을 그만두고 2018년 자기 사업에 도전하기로 마음을 먹었다. 일단 혼자 창업했다. 2년 뒤 B디자이너도 합류하며 공동대표가 되었다. S대표는 대학 시절부터 확실한 끌림이 있는 사람이었다고 B대표가 이야기를 시작했다.

매사 긍정적이고 자기 확신이 아주 강했던 S대표는 어떤 일이든 "해보지 뭐."라고 쉽게 말하며 맨땅에 헤딩하는 사람이었다고 했다. 시각디자인을 공부했던 사람이 캐릭터 상품디자인을 하기 시작했고, 디자이너가 생산과 마케팅을 공부하며 상품 판매를 준비했다고 한다. 열심히 준비해서 오프라인 플리마켓으로 시작했는데 당시 오프라인 마켓 시장이 급속하게 줄어들기 시작하여 위기를 맞았다. 결국 S대표는 코딩까지 배우면서 온라인커머스로 사업 방향을 바꿨다. 그리고 다른 회사와 적극적인 제휴로 시장을 넓혀나갔다고 했다.

긍정이 확신이 되고, 확신이 현실이 되는 이 남자는 뭘 해도 될 것이라는 믿음으로 B대표를 강하게 끌어당겼다고 했다. 두 사람 사이에 의견 대립이 없었던 것은 아니었다. 라이선스를 해보자는 다른 회사의 제안에 B대표는 강하게 반대했었다. 하지만 S대표는 묵묵히 라이선스 사업에 대한 연구와 고민을 집요하게 했고, 캐릭터의 비약적인 성장을 위해서는 라이선스로 전환하는 게 좋겠다는 판단을 내렸다.

B대표를 설득하기 위해서는 합리성이 필요했고, 확대될 매출 규모와 라이선스로 예상되는 문제점들의 해결 방안까지 다 갖추어놓고 B대표 설득에 성공할 수 있었다. 라이선스 이후 매장과 매출이 확실히 늘어났고, 덕분에 더 많은 고객들이 뚱랑이를 만날 수 있게 되었다.

이후로 B대표는 사업적 결정은 S대표에게 전적으로 의지한다. 언제나 사업적 결정에는 S대표의 강한 긍정, 확신, 실행의 선순환 프로세스가 어김없이 작동하고 있다고 했다. 반면에 B대표는 상품과 홍보의 스타일링을 담당해왔다. B2C 상품디자인 경험을 십분 발휘하여 뚱랑이가 MZ세대에게 공감되는 결정적인 느낌과 개성을 만들어냈다. 둘의 합작품인 뚱랑이는 삼성, LG 등의 브랜드 제품들과 컬래버를 했고, 중국, 홍콩까지 진출하여 활발히 사업을 확대해나가고 있다. S대표는 굵은 가지들을 뻗고, B대표는 그 가지에서 꽃을 피우고 열매를 맺고 있다.

두 동업자의 끌림은 두 사람 사이에서 발생하는 만유인력이다.

● **리더십은 만유인력이다**

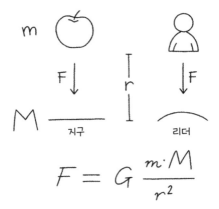

$$F = G \frac{m \cdot M}{r^2}$$

이 힘은 리더와 팔로어 사이의 매력과 카리스마에 의해 형성되고 이 둘의 질량인 역량과 만유인력 또한 계속 커져서 마침내 성공의 열매를 맺게 하는 원초적인 힘이 된다. 리더와 팔로어 사이의 힘은 사랑의 원리와도 닮아 있다. 아니 동일한 원리다. 만유인력은 사랑이다. 리더와 팔로어 사이의 끌림은 사랑이다.

질량이 큰 지구가 표면 위의 물체들을 끌어당기듯(중력), 존재감이 큰 리더가 구성원을 끌어당긴다. 또 리더와 구성원의 거리가 가까우면 가까울수록 둘 사이의 끌림은 커진다. 반대로 거리가 멀어질수록 거리의 제곱만큼 반비례해서 작아진다. 그래서 현장 리더십 같은 리더의 직접적 소통과 스킨십이 강조되는 것이다. 하지만 소통과 스킨십 또한 카리스마를 만드는 방법 중의 하나일 뿐이다.

리더와 첫 번째 팔로어 간의 만유인력이 가장 세다

———

또 다른 관점에서 만유인력의 법칙이 작용하는 것을 알아보자. 조직의 규모가 크다면 리더 혼자만의 힘으로 조직의 변화를 이끌어내기란 쉽지 않다. 변화의 시작은 리더가 하지만 그것을 곧바로 뒷받침해줄 첫 번째 팔로어follower가 반드시 필요하다. 역사적으로 이들을 '가신'家臣이라고 불렀다. 훌륭한 리더 곁에는 각 분야에 뛰어난 가신들이 있었다. 이들을 통해 리더가 일으킨 움직임이 더욱 강해지고 확장된다.

리더십이 불꽃이라면, 가신은 기름이다. 우리는 대부분 리더만을 기억하지만, 가신들이 없다면 리더십은 전파되어 확장되기 어렵다. 유비에겐 관우와 장비 그리고 제갈공명이 있었고, 조조에게도 많은 뛰어난 책사와 장수들이 있었다. 이 가신들은 리더의 뛰어남을 인지하고 적극적으로 팔로잉해줌으로써 자신들의 리더를 더욱 강하게 만들었다.

테드TED 웹사이트에서 997만 번이라는 경이로운 조회수를 기록한 2010년 데릭 시버스Derek Sivers(미국의 작가이자 프로그래머)의 테드 강연 〈운동이 시작되는 방법〉How to start a movement에서 그는 집단의 변화가 어떻게 시작되고 전파되는지 그 메커니즘을 잘 설명해준다.

음악이 들리는 사람이 많은 어느 공원에서 웃통을 벗은 한 사람이 갑자기 막춤을 추기 시작한다. 사람들이 이상하다는 듯 그를 쳐다본다. 조롱거리가 되기 일보 직전이다. 그런데 그때 갑자기 첫 번째 팔로어가 나타나서 그 사람 옆에서 막춤을 추기 시작한다. 그러자 첫 번째 사람은 어떻게 따라 하면 되는지를 보여준다. 그러고는 좀 떨어진 친구들에게 함께하자고 손짓한다. 한 명이 더 모여 세 명이 되었다. 이들은 이제 집단이 되었고, 뉴스거리가 될 수도 있었다. 그러자 두 명 더, 네 명이 더 모이더니 기하급수적으로 사람들이 모여 막춤을 추기 시작했다. 이제는 함께 춤을 추지 않는 사람이 이상한 사람이 되었다. 첫 번째 팔로어는 미치광이 막춤꾼을 위대한 리더로 만들었다.

리더는 처음에 변화의 주체가 되지만, 그것을 알아차린 첫 번째 팔로어가 생길 때, 비로소 변화는 급속도로 전파되기 시작한다. 리더를 알아보는 첫 번째 팔로어의 감각과 능력은 다른 대중들과 다르다. 당연히 리더와 첫 번째 팔로어의 만유인력이 모든 구성원들과의 만유인력 중 가장 크다. 만유인력의 법칙에서 팔로어의 질량(m)도 크고, 거리(r)도 가깝기 때문이다. 다시 첫 번째 팔로어는 군중들에게 리더의 영향을 전파하면서 조직 구성원들과 또 따로 만유인력을 발생시킨다. 이로써 리더십은 계속해서 전파되면서 확장된다.

간신이 리더와 거리가 너무 가까워지면
문고리 권력이 된다

───────

이처럼 첫 번째 팔로어는 리더에게 너무나 중요하다. 그래서 리더 다음으로 중요한 사람이 리더 곁의 가신이다. 그런데 안타깝게도 제대로 된 가신을 만나기란 그리 쉽지 않다. 항상 리더 주위에는 사람들이 모이는데, 특히 문제가 있는 사람이 더 적극적으로 리더 주위를 맴돌기 때문이다. 우리는 그들을 가신이 아닌 '간신'이라고 부르고, 이들이 리더의 신임을 더 많이 얻게 되면 '문고리'라고 칭한다.

사실 간신과 충신은 구별하기 매우 힘들다. 둘 다 비슷하게 겉보기는 충심으로 다가오기 때문이다. 둘의 차이라면 겉으로 보이지 않는 사적 욕심과 공적 욕심이라고 하겠다.

'간신'은 사적 욕심에 충만한지라 리더의 권력에 더욱 다가가고 싶어 한다. 만유인력의 r값을 계속해서 줄여나가고 싶어 한다. 끝내는 r값을 줄여 리더에게 기생하면서 리더십이 아닌 자신의 힘을 키워나간다. 우리는 이것을 '문고리 권력'이라고 한다. 반면에 '충신'은 리더와 가까워지려고 애쓰지 않는다. r값에 전혀 관심이 없다. 그들은 리더십이 커질 수 있는 방향으로 움직이고, 조직 관점에서 생각한다. 자연스럽게 r값이 적절하게 유지가 되고, 만유인력은 평형 상태에 이르러 마침내 리더 주위를 도는 커다란 '행성'

이 된다.

이처럼 문고리 권력도 만유인력의 법칙에 따른다. 리더와 문고리 간 거리 r값이 아주 작아 둘 사이의 만유인력은 아주 커지게 된다. 그래서 문고리와 리더의 관계는 무시할 수 없게 된다. 그런데 이 만유인력은 리더십이 아닌 다른 힘으로 변질된다.

십상시+常侍(중국 후한 말 영제 때 정권을 잡은 10명의 환관으로, 황제가 정치에 관심을 갖지 못하도록 주색에 빠지게 만들어 정권을 농단했다)와 같은 간신들이 측근으로 강력한 만유인력을 형성하고 있을 때 리더십은 엄청난 위기에 빠지게 된다. 리더십은 더 이상 리더의 것이 아닌 간신의 영향력 아래서 왜곡되고 방향을 잃게 된다. 시간이 지날수록 리더는 이들에게 의지하게 되며 r값은 더욱 더 작아지고, M보다 m이 훨씬 커지면서 리더십은 마침내 '간신의 힘(f)'으로 변질된다. 간신에게 넘어간 리더십은 더 이상 리더십이 아니다. 어디로 튈지 모르는 아주 위태로운 힘이 되어버린다. 그리고 최후에 리더는 간신의 주위를 맴도는 행성이 된다.

리더 평가 때 첫 번째 팔로어도 평가해야 하는 이유

대한민국 현세대는 살아생전에 구경하기 힘든 위태로운 대통령의 문고리를 경험했다. 문고리의 질량이 리더의 질량을 넘어설 때,

- **문고리 권력의 공식**

$$f = G \frac{m \cdot M}{r^2}$$

F(리더십)가 아닌 f(문고리 권력)가 장악한 상태.

비로소 리더십은 사라지고 조직 안에는 위태로운 힘인 문고리 권력(f)이 커지게 된다. 이 힘 아래에선 더 이상 리더는 없다. 간신과 그를 맴도는 꼭두각시 행성만이 남게 된다.

우리는 리더를 평가할 때, 리더의 첫 번째 팔로어도 유심히 관찰해야 한다. 이들이 어떤 사람인가가 너무나 중요하다. 역사뿐만 아니라 대한민국 정치에서도 경험했듯이 문고리들은 리더만큼 조직에 대한 책임감을 느끼지 못한다. 그리고 대부분 자신들의 욕망과 욕심이 조직보다 우선시된다. 그러므로 그들의 영향력에 의해 형성된 만유인력은 항상 심각한 문제를 동반한다. 그러므로 문고리의 질량이 더 큰 상황이 아닌지 우리는 항상 예의 주시해야 한다.

이렇게 문고리라는 리스크는 항상 존재하지만 그럼에도 불구하고 리더는 자신의 리더십 전파를 위해 가신이 꼭 필요하다. 그럴 경우, 정말 신중하게 잘 정해야 한다. 같이 일을 해보면서 자신을 가장 잘 이해하고 자신의 리더십을 가장 효과적으로 전파할 수 있는 제대로 된 가신을 선택해야 한다. 그리고 혹시 리더 자신보다

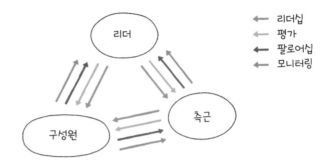

리더, 측근, 구성원 간의 만유인력

← 리더십
← 평가
← 팔로어십
← 모니터링

더 큰 질량을 갖고 있지는 않은지 항상 점검해야 한다.

　조직 구성원인 우리들도 리더와 측근 관계 사이의 만유인력에 대해 항상 끊임없이 관찰하고 평가해주어야 한다. 리더십은 그 힘의 주체인 리더에 의해 만들어지지만, 측근에 의해 그 힘이 전파되어 전달되고, 구성원들은 그 힘에 의해 움직인다. 그리고 다시 구성원들은 자신들의 리더와 측근을 모니터링한다. 이렇게 리더십은 그 힘과 관련된 모든 사람들에 의해 관리된다.

8

리더십은 철저히
물리학의 법칙을 따른다
리더십의 원리

물리의 원리는 리더십에도 통한다

우리는 이제 리더십의 본질에 대해서 정확히 이해하게 되었다. 리더십은 조직을 움직이는 힘이며, 벡터의 성격을 가지므로 작용점의 현실 인식, 방향을 설정하기 위한 전문성, 힘의 크기로서 추진력이 필요하다는 것을 알게 되었다.

　현실 인식만 하고 있으면 방관자가 되고, 전문성만 가지고 있다면 단순 기술자, 추진력만 가지고 있으면 무식한 행동대원이 된다. 이 세 가지를 다 가지고 있어야 벡터로서의 힘을 보유한 진정한 리더가 될 수 있다.

또한 리딩의 대상인 조직과 변화의 크기에 맞는 적절한 리더십이 필요하다는 것도 이해하게 되었다. 그리고 만유인력의 법칙에 의해 리더와 구성원들 사이에서 끌림 현상이 일어나는 것은 리더의 질량 때문이라는 것도 알게 되었다.

벡터 리더십이 제대로 발현되면 생기는 기적

물리의 힘으로서 리더십을 확실하게 경험한 적이 있다. 2014년, 개국한 지 4년밖에 되지 않은 신생 종편 J방송사에서의 일이다. 0.1퍼센트의 저조한 시청률, 수익도 몇 백억 원 적자 상태였다. 방송을 포함한 여러 분야에서 전문가들이 의욕을 갖고 모였지만, 그 열정도 점점 식어가고 있었다.

당시 대표이사를 맡게 된 K사장은 일단 회사의 현실을 명확히 파악했다. 지상파라는 공룡 세 마리가 살고 있고, 초기 자본금은 줄어들고 있었다. 수익원인 광고는 같이 태어난 다른 방송사들의 영향력에 의해 나눠먹기 식 n분의 1 구조가 강하게 형성되어 있었다. 그럭저럭한 프로그램으로는 이 어려운 상황을 깨부수기가 어려웠다. 무엇보다도 J방송사는 설립 초기에 합류한 뛰어난 PD와 기자들이 많이 있었는데 PD들은 제작비 절감 정책으로 거의 놀다

시피 하고 있었고, 기자들은 스타 앵커의 합류에도 별다른 실적을 올리지 못하고 있었다.

K사장은 개국 초기 의도했던 과감한 투자와 새로운 세상을 만들어가자는 의도가 전혀 반영되어 있지 않은 당시 상황을 매우 안타까워했다. 이 어려운 상황을 극복하기 위해서 빅히트 콘텐츠와 팩트 기반의 보도 신뢰 구축밖에 없다고 판단했다. 그리고 그것을 만들 수 있는 PD와 기자들의 전문성과 유능함을 믿어 의심치 않았다.

일체 제작과 보도에 대한 간섭과 관여를 하지 않았다. 대신 그들에게 충분한 제작비와 지원을 아끼지 않았다. 그리고 자신은 대외 및 영업 활동에 전념했다. 임직원들은 자신들을 믿어주는 사장이 있으니 마음 놓고 작품과 보도 활동을 계속할 수 있었다. K사장은 늘 입버릇처럼 성공할 수 있는 유일한 길은 세상을 재미있고 이롭게 하는 콘텐츠라고 얘기했다. 모두의 가슴속에 계속해서 우리가 가야 할 방향을 새겨넣어주었던 것이다.

모든 임직원들도 사장의 방향에 공감했다. 하지만 상황이 너무 좋지 않았다. 다들 두려워했다. 하지만 K사장은 절대 우리가 틀리지 않았다고 안심시켰다. 임직원들을 수시로 만나 지치지 않도록, 포기하지 않도록 계속 독려하며 스킨십을 했다.

그러고는 마침내 터지기 시작했다. 세계 최초의 독창적인 프로그램들이 만들어졌다. 명가수의 곡을 팬들이 똑같이 따라 부르며 경쟁하는 프로그램, 냉장고를 스튜디오로 가져와 일류 셰프들이 요리로 대결하는 프로그램, 외국인 패널 집단의 글로벌 난상 토크 등 시청자들의 사랑을 받는 프로그램들이 봇물 터지듯 쏟아져 나왔다. 그동안 참아왔던 PD와 스태프들이 보란 듯이 히트작들을 만들어냈다. 그러다 4월엔 세월호가 서해 속으로 잠겼다. 전국민도 충격과 슬픔에 잠겼다. 기자와 앵커 그리고 제작진은 팽목항으로 향했다. 최초로 휴대폰 통신을 통해 바다 위에서 생방송 보도를 했다. 시청률이 빠르게 오르기 시작했다.

K사장은 모두에게 우리의 믿음과 방향이 틀리지 않았다고 다시 강조했다. 그리고 다가올 호황을 계속 유지하기 위해 주주들을 설득하고 자본금을 늘렸다. 조직의 열정은 계속 불타올랐다. 마침내 정권까지 바꾸는 뉴스까지 터트리고 말았다. J방송사는 이후 계속해서 히트작들을 쏟아내며 평일 저녁시간 시청률 1등 방송사가 되었다. 500억 원 적자 회사에서 500억 원 흑자 회사가 되었다. K사장이 취임한 지 딱 3년이 되는 해였다. 그리고 J방송사는 5대 방송사로 입지를 굳혔다.

K사장은 벡터로서의 리더십인 정확한 현실 인식과 임직원을 믿고 설정한 초기 방향의 재확신 그리고 그들이 잘하는 것을 할 수 있게끔 여건 마련과 용기를 북돋아주는 모습을 보여주었다. 그리고 계속해서 대외 정책 활동과 인사, 재무적 의사결정을 통한 안정적 경영 활동을 추진했다. 그는 자신만의 커다란 질량으로 만

유인력을 만들어 주위에 믿음직한 팔로어들과 최고의 전문가들이 모여 있게 만들었다.

리더십은 유행이나 스타일이 아니다

물리학의 가장 기본은 '힘'이다. 물리학 개론은 힘을 다루는 역학으로 시작한다. 그만큼 우주 만물의 기초가 되는 원리가 힘이다. 조직에서도 가장 기본이 되는 것은 조직을 움직일 수 있는 리더십이란 힘이다. 조직은 리더십에 의해 현실이 파악되고 방향을 잡으며 최종적으로는 움직이기 시작한다. 우리는 이 리더십을 발휘하는 리더를 믿고 따라간다. 리더가 이끄는 방향으로 각자의 위치에서 맡은 바 임무를 다한다.

그러나 그 리딩이 틀렸을 경우가 가장 두려운 순간이다. 우리는 허탈과 배신의 늪에 빠져 허우적대다가 끝내는 강한 분노가 모두를 지배하게 된다. 이렇게까지 화가 나는 건 리더십이 우리의 삶에 너무도 많은 영향을 주기 때문이다.

우리는 세월호의 아픔을 겪었다. 러시아의 푸틴을 봐도 알 수 있다. 잘못된 리더십은 죄악이다. 우리는 모두 소중하다. 아무리 작은 리딩이라도 본질은 타인을 이끄는 것이기 때문에 타인의 삶에 영향이 미친다. 리딩은 그 자체로 책임과 의무다.

이제 우리는 물리학의 관점으로 리더와 리더십을 바라볼 필요가 있다. **리더는 리더십과 관련하여 절대 자신과 맞지 않는 유행이나 스타일에 현혹되지 말아야 한다.** 위대한 리더인 세종대왕과 이순신 장군도 리더십 트렌드 같은 것들은 당연히 몰랐을 것이다. 자신만의 생각과 의지를 갖고 조직을 위해 힘의 본질을 본능적으로 직감하여 리더십을 발휘했던 것이다. 리더십은 특정 스타일이나 대표 단어로 단정 지을 수 없다. 리더십은 철저하게 물리학 법칙을 따르는 우주에서 가장 아름답고 고귀한 힘이기 때문이다.

리더는 현실 인식, 전문성, 추진력을 갖고 있어야 한다.
#벡터

조직 크기와 변화의 크기에 맞는 리더십이 필요하다.
#뉴턴의 운동 제2법칙

리더는 훌륭한 첫 번째 팔로어가 필요하다.
#만유인력의 법칙

CHAPTER 2

일과 에너지

리더는 조직의 에너지 공급자이자 관리자다

리더의 관심은
사람으로 향한다
리딩의 대상

리더와 일하는 사람

리더는 사람들과 조직을 이끈다. 이끈다는 것이 그냥 당기는 것이 아니라 목표를 향해 사람들이 각자의 일과 제 역할을 하게 하면서 조직을 움직이는 것이다. 리딩의 정확한 대상은 그냥 사람이 아니라 일과 관련된 사람, 즉 '일하는 사람'이다.

사람과 일은 떼려야 뗄 수가 없다. 사람이 없으면 일 자체가 있을 수 없고, 일하지 않으면 사람은 살 수 없다. 이처럼 일은 인간의 삶에서 가장 큰 비중을 차지한다. 대체로 우리는 성인이 된 이후

일흔 살까지 일한다. 싫든 좋든 해가 떠 있는 동안 대부분 일하면서 살아간다.

하지만 이렇게 일에 얽매이는 게 두려워 우리는 일과 삶을 구분하려고 애쓴다. 워라밸이라고 말하며 일이 자신의 삶을 지배하지 않게 하려고 무진 애를 쓴다. 그러나 일을 뺀 삶은 있을 수 없다. 단순히 먹는 것도 일이다. 원시사회에서는 일과 여가가 따로 구분되지 않았다. 깨어 있는 시간이 곧 일하는 시간이었다. 〈삼시세끼〉라는 방송 프로그램을 봐도 알 수 있듯이 밥을 차려 먹고 치우고를 세 번 하면 하루해가 다 간다.

아주 먼 옛날에는 워라밸 같은 것은 없었다. 워크work가 곧 라이프life였다. 거의 모든 사람이 집에서 일했다. 사회가 발전하고 일하는 곳인 직장과 쉬는 곳인 집이 나뉘고, 근로와 비근로가 구분되었다. 이렇게 일과 삶이 분리되면서 둘 간의 균형을 논하는 시대가 도래했다.

사실 정확하게 얘기하면 삶이 아니라 '여가'다. 일과 여가의 균형이 맞아야 하는 것이며, 이 둘을 합친 것이 삶이다. 일은 삶의 일부분이기 때문에 일하는 사람을 리딩한다는 것은 그 사람의 삶에도 영향을 미친다는 것을 의미한다. 리딩은 사람의 삶에 직접적인 영향을 주는 행위이므로 리더라면 인간에 대한 이해가 필요하다.

리더들은 자신이 사람에 대해 잘 안다고 착각한다

———

그런데 인간을 이해한다는 것이 생각보다 쉽지 않다. 인간은 자신의 감성과 이성에 영향을 받으며, 각자의 개성에 따라 사고하고 행동하기 때문에 한 사람 한 사람이 상당히 복잡한 존재다. 또 하나의 우주다. 아주 오래전부터 철학자, 종교인 그리고 심리학자들이 인간을 연구해왔다. 그러나 지금도 인간에 대한 연구는 진행 중이라고 할 수 있다. 그만큼 인간이란 매우 어려운 주제다.

그럼에도 우리 모두 인간이라는 이유로 사람에 대해 잘 알고 있다고 착각하는 리더들이 많다. 그러나 사람은 모두 다르며, 상황에 따라 달라지고 시간이 지나면서 또 변한다. "저 사람 원래 안 저랬는데…."라고 말하기도 하고, '열 길 물속은 알아도 한 길 사람의 속은 모른다.'라는 속담까지 생겨났다. 감성과 이성뿐만 아니라 무의식 등 무수히 많은 것들이 인간 심리나 행동에 영향을 미친다. 개인 사정, 주변 분위기, 각자가 처한 상황 등 여러 가지 환경에 의해서도 영향을 받는다. 그래서 사람을 이해하고 관리한다는 것은 거의 불가능에 가깝다.

하지만 조직에는 목표가 있고, 사람들은 그 목표를 달성하기 위해 모여서 일을 하기 때문에 '일하는 사람'으로서 이해의 범위를 좁힐 수 있다. 그리고 일을 이해한다면 그 일을 하는 주체로서의 인간에 대해 더 다가갈 수 있을 것이라 생각했다.

이 책의 처음에서 언급했던 개발팀장은 팀원들과 그들과의 관계를 관리해야 한다는 것에 집중했다. 그래서 티타임, 칼퇴근, 커피 셔틀, 재테크 정보 등 일과 관련이 없는 것에 에너지를 많이 쏟았다.

그에 비해 정작 중요한 그 사람의 일에 관심을 갖고 조언을 해주는 리딩은 부족했다. 그저 예전의 자신보다 못하는 팀원들의 수준만 눈에 들어올 뿐이었다. 그들이 자신들의 업무를 하는데 어떤 어려움이 있고, 어떤 식으로 일을 처리하는 것이 좋은지와 같은 일에 대한 세심한 관심과 배려 그리고 지도가 필요했는데 말이다. 팀원들은 커피 셔틀을 해주는 자상한 팀장보다는 자신들의 일을 효율적으로 잘 처리할 수 있게 방법을 가르쳐주고, 무엇인가 하나라도 일과 관련해서 배울 게 있는 팀장이 필요했다.

이러한 서로의 불만족은 팀장의 팀원들에 대한 엄격한 효율(시간과 성과) 관리로 인해 폭발하기 시작했다. 팀장은 팀의 일을 챙긴다고 얘기했지만, 그것은 챙김이 아니었다. 팀원들에게 팀장은 자신들을 믿지 못하는 형무소 간수였을 뿐이었다. 서로의 마음은 어긋날 때로 어긋나 이미 원수가 되어 있었다.

사실 일 또한 인간과 마찬가지로 어려운 개념이다. 일은 생존방법, 자아실현, 소명의식, 희생, 자유, 저주, 책임 등 너무나도 다양한 의미와 개념을 갖고 있다. 그러나 일의 개념 중 가장 과학적인 설명이 있다. 1800년대에 물리학자들은 일에 대해 연구를 하기 시작했고, 가설과 실험을 통해 일이란 것을 증명하고 정의했다. 그들에 의해 일은 에너지라고 밝혀졌고, 일은 힘과 그 힘에 의한 결과에 비례한다는 것을 알게 되었다.

우리는 물리학의 원리로 일을 알아봄으로써 리딩의 대상인 '일하는 사람'에 대해서 이해도를 높일 수 있다. 그리고 일하는 사람 자체가 에너지라는 것도 알게 될 것이다. 궁극적으로 리딩의 대상은 에너지이며, 에너지는 어떤 특성을 갖고 있는지 알아보고 리더는 에너지를 어떻게 관리해야 하는지에 대해서도 알아보도록 하자.

일은 노력과 성과가
모두 있어야 한다
일의 정의

일을 물리학적으로 표현한 '일의 정의'가 있다

"일이 너무 힘들어요.", "열심히 일했어요."

사람들이 정말 많이 하는 말이다. 그런데 과연 물리학적으로 맞는 표현일까? 물리학에서의 일은 다음과 같다.

일하기 위해서는 '힘'이 필요하다. 그런데 물리적으로 일이 성립되기 위해서는 거리, 즉 힘에 의한 '결과'도 반드시 필요하다. 이것을 조직 차원으로 적용해본다면, 힘은 '노력', '능력'과 같다. 사람이 행하거나 가지고 있는 힘 력力 자가 붙은 것들이다. 그리고 이

- **일의 정의**

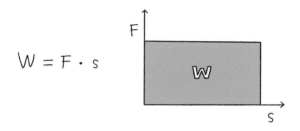

$$W = F \cdot s$$

일(W)은 힘(F)과 그 힘으로 나아간 거리(s)의 곱이다.

러한 힘에 의해 나타난 결과인 거리는 그 사람이 거둔 '성과'나 '실적'으로 볼 수 있다. 그러므로 조직 안에서의 일은 간단히 말하면 **노력과 성과의 곱이 된다.**

우리는 일상에서 "일이 힘들다."라는 말을 자연스럽게 쓰고 있다. 일에 힘이 들어가니 당연한 말처럼 들리지만, 물리학적으로는 불완전한 표현이다. 왜냐하면 일은 힘뿐만 아니라 힘에 의한 결과와도 관련이 있기 때문이다. "엄청 열심히 일했다."란 말도 마찬가지로 애매하다. 힘에 의한 결과가 빠졌고, '열심히'는 '일'보다는 '힘'에 어울리는 단어다.

일을 구성하는 두 가지 요소, 노력과 성과

우리가 일과 힘을 잘 구별하지 못하는 데는 이유가 있다. 인류는

19세기 중반까지 일과 힘을 잘 구별하지 못했다. 옛날에는 물레방아나 풍차처럼 자연의 힘을 이용해 일했기 때문에 힘이 모두 일이 되는 줄 알았다. 일은 산업혁명 이후에서야 지금과 같이 힘과 결과의 곱이 되는 것을 알게 되었고, 힘과 구분되기 시작했다.

"그 친구 일 잘해. 항상 매출 1등이야."

매출 성과가 좋으니 일을 잘한 것 같지만, 이 말 또한 완벽하지는 않다. 운이 좋으면 노력(힘) 없이도 성과가 좋을 수 있기 때문이다. 그런데 이 말도 힘이 빠져 있기 때문에 물리학적으로는 불완전하다.

노력했어도 성과가 없으면 일은 '0'이고, 노력 없이 운이 좋아 성과만 있어도 일은 '0'이다. 물리학적으로는 다음과 같이 말해야 일에 대한 정확한 표현이 된다.

"이 친구 올해 열심히 노력해서 좋은 성과를 거두었어. 정말 일 많이 했어."

일은 반드시 노력과 성과가 모두 있어야 한다.

조직에서의 일에 대한 평가도 마찬가지다. 노력만 고려해도 안 되고, 성과만 가지고 판단해서도 안 된다. **노력과 성과 모두를 고려하여 평가해야 한다.** 그러나 아직도 회사에서의 평가가 노력만 강조되거나, 성과만을 판단하는 경우가 존재한다. 성과가 없는 노력에만 초점을 맞추면 조직은 생존에 필요한 비용(재화나 가치)을 얻을 수 없기 때문에 영속할 수 없다. 반대로 노력 없는 성과에 치중

하면 당장 조직의 생존에는 문제가 없지만 중장기적으로 조직은 항상 운에 기대고 조직역량이 축적되지 않아 경쟁력과 생존능력을 잃게 된다. 그러므로 리더는 노력과 성과의 총체인 '일'에 대해 관심을 갖고 관리해야 한다.

팀장이나 임원을 선임하려고 최고 의사결정자들에게 보고하면 대부분 후보자에 대해 이렇게 물어본다.

"잘하나요?", "잘하는 사람인가요?"

무엇을 잘하는지 물어보는 것일까? 회사에 공헌을 한 사람인지, 도움이 될 만한 인물인지, 문제를 일으킬 사람은 아닌지, 여러 가지 많은 의미를 담아 묻는 질문이지만, 궁극적으로 묻고 싶은 것은 '일'이다. 단기적으로는 성과를 내서 회사 브랜드와 재정에 도움을 주고, 중장기적으로는 조직의 역량을 강화시켜 지속적으로 회사가 발전하는데 도움을 줄 수 있는 사람인지를 묻는 것이다.

그러나 실제 회사에서는 꽤 많은 경우, 물리학에서 의미하는 일을 평가하지 않고 다른 방식으로 리더를 선임하고 있다. 성과가 별로 없는데도 노력, 아니 노력도 아닌 그냥 오랫동안 회사를 다녔다는 연공서열 개념으로 승진을 결정하는 경우가 아직도 허다하다. 회사는 하기 싫은 일, 다니기 싫었을 직장생활을 오래해준 것에 대한 고마움으로 팀장을 달아주는 것일까? 그간 같이 있어줘서? 이런 식의 인사 조치는 일이 아닌 정 혹은 고생이 중요한 회사를 만든다는 메시지가 되어 임직원에게 고스란히 전달된다. 임직원에겐 노력과 성과보다는 회사에서 오래 버티기와 힘든 것 참아내기가 가장 큰 미션이 된다. 그리고 그런 인사 메시지에 반대하거나 노력과 성과가 우수한 사람들은 회사를 떠나게 된다.

반대의 경우도 있다. 성과만으로 승진을 시키는 회사도 마찬가지다. 성과만이 최고라는 메시지를 임직원에게 전달하게 된다. 노력이나 도전을 고려하지 않는 아주 드라이한 회사가 된다. 그래서 임직원은 결과에 목숨을 걸게 되고, 신규 개발과 같은 도전이나 힘든 일은 기피하게 된다.

회사와 리더는 물리학적 측면에서 말하는 일로서 관리해야 한다. 노력과 성과를 종합적으로 모두 고려해야 한다. **노력도 잘하고 성과도 잘 내는 물리학적 일의 크기가 큰 사람이 승진을 하고 보상을 받는다는 것이 회사의 메시지가 되어야 한다.**

이제 일을 평가하는
방법을 바꿔야 한다
일의 공식

물리학적으로 당신의 일을 평가한다면

회사의 일에 대해 물리학적 공식을 간단히 적용해보자. 그러면 다음 세 그룹으로 나뉜다.

첫째, 노력의 척도를 1에서 9, 성과의 척도를 1에서 9라고 가정할 경우, 노력을 5 정도 하고 성과를 5 정도 내어서 일의 크기가 25가 된 '적당히 일한 사람'이 있다(5×5=25).

둘째, 노력을 1 정도 했는데, 성과는 9 정도 나와 일의 크기가 9가 된 '운이 좋은 사람'이 있다(1×9=9).

● 노력과 성과에 따른 일의 크기 비교

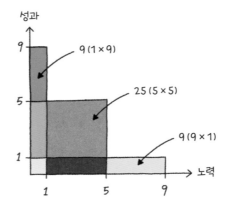

셋째, 노력을 9 정도 했는데 성과는 1밖에 나오지 않아 일의 크기가 9가 된 '노력만 죽어라 한 사람'이 있다(9×1=9).

그림과 같이 노력과 성과를 적당히 낸 사람이 일을 제일 많이 했다고 볼 수 있다(5×5=25). 노력하지 않으면 조직에 노하우가 축적되지 않고, 성과를 내지 못하면 조직이 생존할 수가 없다. 노력한 만큼만 결과가 또박또박 나오는 그런 합리적인 상황이 매번 일어나지는 않는다. 인생은 그리 공평하지 않다. 여러 가지 상황과 환경이 결과에 영향을 미친다. 운이 아주 좋을 때도 있고, 운이 몹시 나쁜 경우도 있다. 그리고 운에 크게 영향을 받지 않고 그럭저럭 노력한 만큼만 적당히 결과를 내고 살아가는 경우도 많다.

물리학은 사람들이 한 일을 어떻게 평가해야 하는지에 대해 가르쳐준다. 리더는 본인을 포함한 조직 구성원들의 일을 노력과 결과 모두 고려하여 평가해야 한다.

누가 일을 더 잘한 사람인가?

회사에서 일의 크기에 대한 사고실험을 해보자. 사고실험thought experiment이란 실제로 실험을 수행하는 대신 생각만으로 실험을 해보는 것이다. 머릿속으로 실험장치와 조건을 생각하면서 자신이 세운 이론에 따라 추론하여 수행하는 실험이다. 이 사고실험은 실제로는 수행할 수 없는 실험을 하거나 실제 실험에서 있을 수밖에 없는 오차를 고려하지 않고 단순하게 실험할 수 있다는 장점이 있다. 갈릴레이와 아인슈타인의 사고실험 외에도 맥스웰의 악마, 슈뢰딩거의 고양이, 쌍둥이 역설 같은 유명한 사고실험들이 있다.

게으르고 멍청하지만, 운이 아주 좋은 사원 김행운은 우리나라에서 가장 크고 건실한 모기업을 대상으로 영업을 하고 있었다. 당연히 개인 실적이 매우 좋았다. 반면에 같은 부서의 엄청 부지런하고 능력 있는 사원 이불행은 담당하던 외부 기업고객이 갑자기 상황이 어려워져서 영업 실적이 아주 낮았다. 이런 경우 리더는 이 두 직원의 인사평가를 어떻게 해야 할까?

꽤 많은 회사에서 김행운에게 더 좋은 평가를 한다. 혹은 몇몇 회사에서는 이불행의 고생스러움을 더 인정하여 좋은 평가를 주기도 할 것이다. 하지만 물리학적으로는 둘 다 바람직하지 않다. 둘의 일의 양은 유사하다고 판단할 수 있으며, 보통 수준 미만으로 평가하는 것이 맞다.

그리고 또 한 명, 보통의 노력과 능력을 발휘하여 중간 수준의 실적을 낸 사원 최보통이 있다. 최보통이 김행운과 이불행보다 더 높은 평가를 받는 것이 물리학적으로는 바람직하다.

김행운은 회사의 실적에 많은 공헌을 했다. 하지만 이불행과 최보통이 김행운의 고객사를 맡았다면 김행운보다 더 나은 실적을 만들어낼 가능성이 더 높다. 반면에 이불행은 분명 회사의 노하우와 경험을 축적하는 데에는 공헌했지만, 아쉽게도 회사에 당장 도움되는 성과는 없었다. 물론 김행운과 최보통이 했어도 당연히 어려웠을 것이다. 마지막으로, 최보통은 회사의 실적에도 어느 정도 공헌을 했고, 회사의 노하우와 경험 축적에도 어느 정도 공헌을 했다. 그러므로 물리학적으로는 가장 많은 양의 일을 한 사람이 된다.

이 간단한 예시에서는 '1에서 9'라는 너무 단순하고 일률적인 범위로 가정했기 때문에 복잡한 현실을 완벽하게 반영하기 어렵다는 것은 인정한다. 실제 현실에서는 노력과 성과의 범위를 제한하기 어렵고, 결과에 영향을 주는 다양한 원인들이 아주 복잡하게 얽혀 있다. 그러나 여기서 중요한 것은 일을 평가함에 있어서 반드시 노력과 결과를 모두 고려해야 한다는 것이다. 리더에게는 조직 구성원과 그들의 일을 어떻게 바라보고 판단해야 하는지를 가르쳐준다. 평가는 리더십의 가장 중요한 요소 중 하나다. 벡터 리더십의 현실 인식 방법 중 가장 중요한 것이 평가다. 현실 수준에 대한 명확한 분석과 판단, 이것이 되어야만 다음 단계인 방향 설정과 개선이 가능하다.

그래서 거의 모든 회사는 조직과 개인에 대한 평가제도를 운영하고 있다. 그런데 평가제도가 나온 이래로 상대평가와 절대평가 논란은 계속되고 있다. 특히 개인 평가제도를 운영할 때 100퍼센트 만족하는 제도를 만들기는 너무 어렵다. 그리고 평가등급의 평가를 몇 개로 해야 하는지에 대한 부분도 단골 논쟁거리다.

많은 기업들에서 개인평가는 여전히 혼선이 계속되고 있다. 절대평가를 도입했던 회사들도 평가에 대한 관대화, 즉 평가를 다 잘 주는 경향이 심해져서 변별력이 떨어지게 되니 다시 상대평가로 되돌아가는 경우가 많은 상황이다. 상대평가를 운영하는 회사들은 ABCD 4개 등급으로 했다가 세분화하여 9등급으로 하고, 다시 복잡하여 5등급으로 바꾸는 등 이랬다 저랬다를 여전히 반복하고 있다.

조직의 어려운 평가문제, '일의 공식'으로 풀자!

조직 구성원들의 인사평가는 언제나 조직에 있어서 가장 어려운 문제다. 우주와 같이 심오하고도 복잡한 인간과 그 인간이 다양한 영향과 환경 속에서 수행한 일을 판단한다는 것은 당연히 엄청나게 어렵다. 하지만 **물리에서의 일 개념, 즉 노력과 성과의 곱이라는 관점으로 평가한다면 조금이나마 인사평가에 대한 어려움을 줄일 수 있다.** 그리고 리더들이 구성원들에 대한 현실 인식을 어떤 식으로 해야 하는지 알 수 있게 해준다. 노력과 성과의 척도로 평가해보면 구성원을 크게 다음의 세 가지 그룹으로 나눌 수 있다.

1. 노력과 성과 모두 우수한 그룹(○)
2. 성과는 좋으나 노력이 적거나, 노력은 했으나 성과가 낮거나, 적당한 성과와 노력이 있는 그룹(△)
3. 노력과 성과 모두 부족한 그룹(×)

● **'일의 공식'을 통한 평가 그룹의 구분**

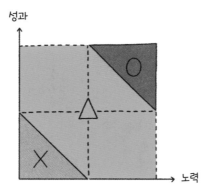

여기서 좀 더 평가 그룹의 정확도를 높일 필요가 있다.

일의 공식 'W = F · s'을 '성과(s)의 공식'으로 바꿔보면 아래와 같다.

● **성과의 공식**

$$S = \frac{W}{F}$$

성과 공식 그래프를 그리면 중학교 때 함수 그래프 중 'y=a/x' 그래프와 같이 곡선이 된다. 그리고 일이 9라고 한다면 그래프는 아래와 같다.

● **일의 크기가 동일할 때 성과의 공식 그래프**

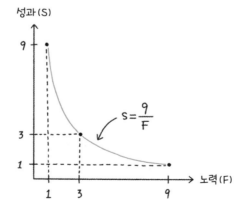

일(W)=9일 경우.

'성과 공식 그래프'를 적용하여 평가 그룹을 다시 구분해보면 다음과 같다.

● **'성과의 공식'을 반영한 세 개의 평가 그룹 구분**

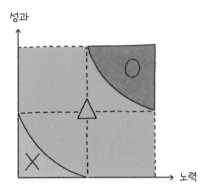

앞에서 다루었던 사고실험에서 김행운이나 이불행보다 최보통이 더 일을 많이 한 것과 같이 적당한 성과와 노력을 보인 사람이 더 좋은 평가를 받아야 한다. 그러므로 평가 그룹 구분선이 적당한 성과와 노력 부분을 포괄하는 곡선이 되어야 한다. 일의 특성과 환경적 요소를 고려하여 그룹의 커트라인을 조정하여 그룹 간 비중을 변화시키거나 그룹(△) 내 등급을 더 세분화(△1, △2, △3)할 수 있다. 이러한 경우에도 평가 그룹의 면적이나 위치가 달라지지만, 모양과 형태는 같아야 한다.

● **평가 그룹 비중 변화와 세분화 예시**

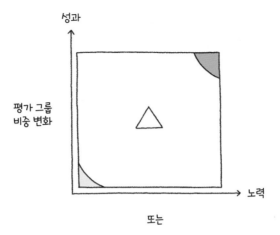

또는

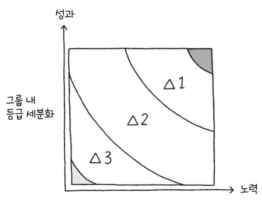

성과와 노력의 갈림길에서
리더의 능력이 드러난다
비중 조절의 기술

성과 중심 vs. 노력 중심

'성과가 최고지!'라고 생각하는 결과 중심적 사고를 하는 사람들이 있다. 이들은 '숫자가 모든 것을 말해준다.'며 실적에 따른 책임을 묻는다. 하지만 어딘지 모르게 불편하고 너무 냉정하다는 느낌을 지울 수 없다. 그렇다고 '과정이 중요해.'라며 노력 중심으로만 생각하는 것도 공허하다. 결론이 어떻게 되든 책임지지 않을 것만 같은 느낌을 지울 수 없기 때문이다. 물리학에서의 일은 이러한 두 가지 극단적 논리에서 벗어나야 하는 이유를 우리에게 가르쳐준다. 반드시 둘 다 고려해야만 한다.

단, 일의 종류나 회사가 처한 상황에 따라 성과와 노력의 비중을 적절하게 조절할 수는 있다. 회사에 이윤을 안겨주는 것이 존재 이유이며 매출 실적이 생명인 영업부서라면 성과의 비중을 높여 일을 관리할 수 있다. 그리고 당장 현금이 부족하거나 재정 상황이 위험해서 기업 존폐의 갈림길에 놓였다면 성과의 비중을 확 높이는 것이 바람직하다.

반대로 금전적 여유가 많은 회사이거나 안정적인 경험이나 위험 관리가 중요한 지원 조직이라면 노력이나 역량의 평가 비중을 더 높이는 전략이 필요하다. 그리고 다양한 시도와 도전이 필요한 신규 개발 조직이라면 열정적인 태도의 비중을 높일 수도 있다. 축적되는 노하우와 안정성 혹은 미래에 대한 투자, 도전에 대한 평가를 통해 노력이 강조되어야 한다. 영원불변의 정답이 있는 것이 아니라 이처럼 그때그때 상황과 특성에 따라 적절하게 일에 대한 성과와 노력의 비중을 조절하면 된다.

● **성과와 노력의 비중 조절 예시**

＊영업부서, 재정이 중요할 때

성과 : 노력
7 : 3

＊지원부서, 투자가 중요할 때

성과 : 노력
3 : 7

중요한 것은 일에 대한 평가가 노력이나 성과 한 가지로만 강조되거나 평가되어선 절대 안 된다는 것이다. 이를 통해 결과에 치중한 미국의 성과주의도, 경험에 치중한 일본의 연공주의도 모두 물리학적으로 맞지 않는다는 것을 알 수 있다. 성과주의, 연공주의, 온정주의, 우월주의 등 거의 모든 'OO주의'는 물리학적으로 볼 때 적합하지 않다.

물리학에서의 일은 과정도 결과도 모두 중요하니 종합적으로 고려해야 한다. 적절한 비율은 조직의 특성과 상황에 맞게 조정하면 된다. 적당한 성과와 노력의 반영 비율은 현재 조직의 수준과 여력, 시장 환경 변화 등을 고려하여 적절하게 설정해야 한다. **과정과 결과의 적절한 조정과 평가, 이것이 리더의 역할이자 능력이다.** 극단적으로 치우쳐서는(한쪽이 0에 수렴하면) 절대 안 된다. 그러면 일은 한 게 없게 된다(일은 0에 수렴한다).

물리학적으로 리더를 평가한다고?

우리는 리더를 평가할 때도 물리학의 일 개념으로 평가해야 한다. "임원에게 중요한 건 숫자지."라며 성과만을 갖고 리더를 판단한다거나, 반대로 성과를 고려하지 않고 리더십이나 경력만 가지고 리더를 판단하는 것도 바람직하지 않다.

성과에만 집착하면 잠깐 운이 나빴던 훌륭한 리더를 잃을 수 있다. 훌륭한 장수임에도 불구하고 한 번의 전투에서 패배했다는 이유만으로 바로 내쳐지거나, 운으로 리더의 자리를 유지하게 해서는 안 된다. 반대로 능력만 좋고 운이 계속 따르지 않아 성과가 없는 리더라면 조직의 생존을 위해 같이 가야 할지 심각하게 고민해 봐야 한다. 리더의 현실 인식 능력, 전문성, 추진력을 점검하여 벡터로서의 리더십(힘)을 가졌는지 확인해야 하며, 조직의 성과도 정확하게 측정하여 리더십(힘)에 의한 결과(거리)를 반드시 확인해야 한다.

일본 최대 기업 중 하나인 교세라의 명예회장이자 일본항공JAL을 적자에서 흑자로 전환시킨 살아있는 경영의 신으로 불리는 이나모리 가즈오는《이나모리 가즈오의 회계 경영》(다산북스, 2022년, 122쪽)에서 이렇게 말했다.

"기업의 사명은 자유롭고 창의력이 뛰어난 활동으로 새로운 가치를 내면서, 인류 사회의 진보와 발전에 공헌하는 것이다. 이러한 활동의 성과로서 얻어지는 땀 흘려 얻는 이익이 기업이 추구해야 할 진정한 이익이라고 생각한다."

노력이 동반되지 않는 이익은 투기의 성격을 지니고 있고, 회사의 능력이 축적되는 것이 아니라 단지 운에 좌지우지되어 실제로는 빈 깡통에 불과한 조직이 되는 것을 말한다.

이렇듯 우리는 성과와 노력 중 어느 한 가지만을 가지고 맞다

틀리다를 논하면 안 된다는 것을 물리학을 통해 증명할 수 있었다. 윤리와 철학, 정의를 논할 때 많이 부딪히는 문제 중의 하나가 '과정이 중요한가, 결과가 중요한가?'이다. 물리학은 둘 다 중요하다고 일을 통해 이야기한다. 리더는 반드시 과정과 결과 두 가지 모두를 종합적으로 고려해서 일을 판단해야 한다. 이것이 물리학이 우리에게 강조하는 중요한 교훈 중 하나다.

5

조직의 상태는
리더십 성과에 따라 변한다
일의 양

죽어가는 조직을 되살리려면 어떤 리더가 필요한가

E사는 고리타분한 회사였다. 인적 구조도 완벽한 역삼각형으로 직책자와 시니어인 사공은 많았고 실무자인 주니어는 턱없이 모자랐다. 당연히 일 처리는 늦었고 말들은 많았다. 팀워크가 가장 중요한 단체 경기 중 하나인 조정rowing에 비유한다면 키맨(키잡이) 한 명에 크루(노 젓는 사람)가 8명이 돼야 하는데, 키맨 8명에 크루가 한 명인 꼴이었다. 진짜 이런 회사가 있을까 싶을 정도로 노령화되어 있었다. 대한민국의 인구 노령화 문제점을 극명하게 보여

● 팀워크가 성패를 결정하는 조정 경기 모습 비교

바람직한 팀워크의 조정 경기 모습

노령화된 E사의 조정 경기 모습

조정은 팀워크가 가장 중요한 단체 경기로, 바람직한 팀워크의 조정 경기 모습은 키맨(키잡이) 한 명에 크루(노 젓는 사람)가 8명이다. 하지만 노령화된 E사의 조정 경기 모습은 키맨 8명에 크루가 한 명인 꼴이었다.

주는 회사였다.

회사의 브랜드도 올드해졌고, 당연히 고객들도 외면했다. 직원들도 일에 흥미를 느끼지 못했다. 새로 뽑은 주니어들도 몇 달 만에 모두 퇴사했다. 시간이 갈수록 더욱 활기를 잃어서 마침내 실적까지 역성장하면서 흑자 회사가 적자 회사가 되었다.

그러자 회사로선 큰 용단을 내렸다. 사장을 전격적으로 교체했다. 새로 온 사장은 일단 조직의 구조와 문화의 문제점을 정확히 인지하고 구조 개선에 초점을 맞추었다. 뼈아픈 상황이었지만 적자 상황을 타개하기 위해 구조 조정을 실시했다. 고직급자에 대한 명예퇴직제도를 실시했다. 꼭 해야 할 기능만 남기고 필요 없는 조직은 다 없앴다. 전체 인원 규모가 대폭 줄고 줄어든 인건비만큼 손익을 개선했다.

이후 서비스 브랜드명을 바꿨다. 이미지도 바꿨다. 시대에 뒤떨어진 예전 것은 과감히 버렸다. 예전부터 공들여 만들어온 서비스 브랜드 폐지에 대해 기존 시니어들의 반대가 심했다. 그러나 사장은 단호했다. 더 이상 해온 것에 대한 미련이나 자존심은 도움이 되지 않는다고 생각했다. 아니 방해가 된다고 판단했다. 이러한 사장의 결단과 추진에 공감하는 젊은 인력들이 하나씩, 둘씩 모이기 시작하여 신입과 주니어 경력자 비중을 늘릴 수 있게 되었다. 조직 분위기는 점차 호전되었고, 활력을 되찾았다. 흑자로 다시 전환했고, 시장에서 다시 인정받는 회사가 되었다. 그렇게 변하는 동안 4년이라는 시간이 흘렀다.

● 리더십의 성과에 따른 회사 상태 변화

시기	4년 전	현재
손익	적자	흑자
조직의 활력	저하	상승
이미지	올드한 브랜드	올드한 브랜드 이미지 탈피
미래 전망	어두움	밝음

4년 전과 후의 차이는 컸다. 재무적으로뿐만 아니라 분위기까지

긍정적으로 바뀌었다. 미래에 대한 확신까지 생겼다. 양적으로나 질적으로 모두 성장을 하고 있었다. 리더는 4년 동안 조직을 변화시키기 위해 많은 고민과 노력을 했다. 리더십을 발휘한 것이다.

사장에게는 강력한 확신과 리더십이 있었다. 이것들로 이루어낸 변화는 다양한 항목에서 나타났고, 그 결과들과 사장의 노력이 곱해져서 사장이 이루어낸 일의 총량이 되었다. 회사의 많은 부분이 좋아졌고, 미래에 대한 확신까지 생겼다. 조직의 분위기가 완전히 바뀌었다. 사장이 한 일의 양은 계속해서 커져갔다.

우리는 이렇게 일의 양이 큰 사람을 보고 '에너지가 넘친다.'라고 말한다. 더 많은 일을 할 수 있는 가능성을 갖고 있다고 보기 때문이다. 이렇게 실생활에서 느끼는 것들이 당연히 물리학에서도 설명된다. 물리학에서 일은 에너지와 같다. 그럼 이제 일을 할 수 있는 에너지라는 것에 대해 알아보자.

6

리더는 조직의 에너지 관리자다

열역학 제1법칙, 제2법칙

일은 에너지다

앞에서도 언급했지만 19세기까지 '힘'과 '일'은 같은 것으로 혼용되어 쓰였다. 영국의 기계기술자 제임스 와트James Watt가 증기가 피스톤을 움직이는 증기기관을 발명하면서 일에 대한 효율을 연구하기 시작했다. 이후로 전류가 자기력을 만들고 전자기력이 또 동력으로 변환된다는 것을 발견하게 되었다. 계속해서 다양한 힘과 일에 관한 연구가 이어졌고, 힘과 일에 의한 변화의 본질이 '에너지'라는 것을 알게 되었다.

우리 주위의 모든 것들은 에너지로 이루어져 있으며, 이 에너지란 것은 계속 다른 형태로 변화한다는 것도 알게 되었다. 힘은 일을 이루는 하나의 요소이며, 일을 할 수 있는 능력은 에너지라는 것을 알게 되었다. 이러한 에너지(E)와 일(W)과의 관계를 공식으로 표현하면 다음과 같다. 앞에서 나온 '일의 공식'(W = F · s)과 에너지(E)는 이런 상관관계가 있다.

- **일은 에너지다**

$$W = F \cdot s = E$$

증기기관에서의 열은 물을 데워 증기를 만들고, 증기는 피스톤을 밀면서 일을 하게 된다. 증기기관이 공급받은 열(Q)는 일(W)을 하고, 기관에 남은 에너지는 내부의 에너지(U)가 된다. 이때 에너지 총량은 항상 일정하다.

- **열역학 제1법칙＝에너지 보존 법칙**

$$Q = U + W$$

이것이 열역학 제1법칙 the first law of thermodynamics이고, '에너지 보존 법칙' law of energy conservation이라고 한다. 더 쉽게 예를 들어보겠다. 우리의 몸도 하나의 증기기관이다. 음식 열량(Q)을 섭취하면 운동이나 생각과 같은 일(W)을 할 수 있게 되고, 섭취한 에너지가 일하고 남은 양만큼 내부 에너지인 살(U)이 찌게 된다.

- 인간의 열량 에너지를 통해 본 열역학 제1법칙

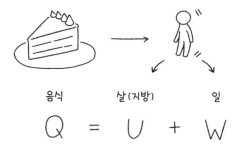

음식   살(지방)   일

$$Q = U + W$$

산업혁명 이후 증기기관의 효율을 높이는 것이 매우 중요해졌다. 열은 일로 변환되는 과정에서 필연적으로 마찰로 인한 소음과 빛이 생겨 에너지를 잃게 된다. 이렇게 잃게 된 에너지와 일을 한 에너지의 합은 기관으로 들어간 열에너지의 총량과 같다. 그리고 이 총량은 항상 유지된다. 이것이 '에너지 보존 법칙'이다(열역학 제1법칙). 인류는 열을 모두 일로 전환하는 이상적인 에너지 기계를 만들고 싶었지만, 이 법칙을 통해 한계가 있다는 것을 알게 되었다.

또 하나의 중요한 법칙을 발견하게 되는데, 이미 잃은 에너지를 다시 거꾸로 일로 바꾸는 것은 불가능하다는 것도 알게 되었다. 우리가 밥을 지을 때, 열은 폭폭 소리를 내며 쌀과 물을 밥으로 만든다. 밥은 절대 다시 쌀이나 물로 돌아갈 수 없다. 이전으로 되돌릴 수 없는 것을 '비가역적'이라고 한다. 장작을 태워 숯이 되는 것도 마찬가지다. 장작을 태울 때 발생한 열과 빛, 연기를 숯에 다시 넣어 장작으로 다시 되돌릴 수는 없다. 우리 모두 너무 자연스럽게 다 알고 있는 이 현상을 **열역학 제2법칙**the second law of thermodynamics, **그 유명한 '엔트로피 법칙'이라고 한다.**

엔트로피 법칙을 온도로 증명해보자. 열(에너지)은 항상 뜨거운 곳에서 차가운 곳으로 흐른다.

엔트로피(S)는 열(Q)을 온도(T)로 나눈 값이다.

● **열역학 제2법칙＝엔트로피 법칙**

$$S = \frac{Q}{T}$$

뜨거운 돌덩이의 온도를 Th, 차가운 물속의 온도를 Tc라고 했을 때, 뜨거운 돌을 차가운 물속에 넣으면, 뜨거운 돌은 식고, 물의 온도는 올라간다. 돌과 물의 엔트로피 차이(ΔS)는 아래와 같다.

온도는 Th 〉Tc이므로 1/Tc − 1/Th은 항상 0보다 크게 된다. 그러므로 엔트로피의 변화(ΔS)는 항상 양수가 된다. 이것을 엔트로피는 항상 증가하는 방향으로 에너지는 변화하며, 항상 유용한 것에서 유용하지 않은 것으로 변화한다는 것을 의미한다.

물리학 천재 아인슈타인은 말했다. "물리학은 계속해서 새로운

$$\Delta S = \frac{Q_c}{T_c} - \frac{Q_h}{T_h}$$

$$= \Delta Q \left(\frac{1}{T_c} - \frac{1}{T_h} \right) > 0$$

T_c T_h

물속

뜨거운 돌

이론이 기존 이론을 깨뜨리면서 발전하는데, 열역학 법칙만은 깨
질 수 없는 우주의 절대 진리"라고 선언했다. 그만큼 에너지에 대
한 정의는 현재 우리 인류가 알고 있는 내용이 진리라고 보면 된
다. 일상에서 너무도 당연하다고 생각했던 것들을 물리학적으로
해석하고 법칙화한 것이 열역학이다.

에너지는 우주 만물, 모든 것, 모든 곳에 존재한다. 태양으로부
터 오는 빛에너지는 지구의 생명체에 공급되고, 우리는 그 생명체
를 음식물로 섭취하여 영양분을 얻어서 생명을 유지해나간다. 에
너지는 아주 다양한 형태로 변화하며 자연에서뿐만 아니라 인간
사회에도 깊이 관여하며 여러 가지로 변화되고 있다. 이 에너지는
열역학 제1법칙에 따라 총량은 보존되고, 열역학 제2법칙에 따라
한 방향으로 변화하며 거꾸로 되돌리지는 못한다.

조직은 엔진, 리더는 엔진의 효율을
책임지는 에너지 관리자다

자, 이제 리더가 관리해야 할 '일하는 사람(조직)'을 열역학적 에너지 관점으로 살펴보자. 조직은 일을 해서 상품과 서비스를 만들어낸다. 상품과 서비스는 회사의 이익, 영향력, 브랜드와 같은 자산이자 가치가 된다. 회사는 이러한 자산과 가치를 사람들에게 배분한다. 직원(임금 등), 주주(배당), 국가(세금)와 공유한다. 그리고 이익을 남겨 자산을 불리고 투자거리를 찾거나 혹시 모를 일에 대비하고, 또 다른 가치를 만들기 위해 비용으로 쓴다. 직원들은 회사로부터 가치를 배분받아 삶의 질을 높이고 휴식과 여가를 취하며 동기 부여된다. 동기 부여된 직원은 다시 일을 할 수 있는 상태가 된다.

일이 가치가 되고, 가치가 보상이 되고, 보상이 동기가 되고, 동기는 다시 일이 된다. 일하는 사람 중심으로 에너지 순환구조가 만들어진다. 일하는 사람들이 모여 조직이 되고 조직은 하나의 커다란 인간 증기기관이 된다. 기계인 증기기관과는 비교할 수 없다. 사람으로 이루어진 조직은 창조적인 일을 하는 여러 개의 두뇌와 심장으로 이루어진 바이오 엔진이다.

리더는 조직의 에너지 효율을 책임지는 '에너지 관리자'다. 조직은 끊임없이 외부와 에너지를 주고받으며 진화하거나 쇠퇴한다. 열

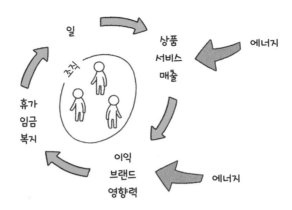

역학 제1법칙에 의해 에너지를 새롭게 만들어내지는 못한다. 그러나 외부의 다른 에너지를 조직 내부로 끌어들일 수 있다. 좋은 사람을 조직에 끌어들이고, 조직 구성원들의 창조적 활동을 통해 외부의 돈과 관심, 팬덤을 끌어들여 조직의 영향력과 브랜드 가치를 높여야 한다.

또한 외부 에너지를 조직 내부로 끌어오는 것도 중요하지만, 어렵게 끌어 모은 내부 에너지의 효율을 관리하는 것도 필수적이다. 가치를 적절하게 사람들에게 배분하고, 재원과 예산을 관리해야 한다. 투자와 같은 도전과 안정성을 위한 관리에도 신경을 써야 한다. 그리고 무엇보다도 조직의 동력원인 구성원들에게 끊임없이 신뢰와 칭찬 그리고 지적과 조언을 해줘야 한다. 좋지 않은 영향을 끼치는 사람은 개화改化시키거나 방출해야 하며, 적재적소에 사람들을 포지셔닝하고 임무를 부여해야 한다. 좋은 사람들이 일을 잘할 수 있도록 환경을 조성해주어야 한다. 조직 내부의 에너지가 양질화되는 방법을 끊임없이 고민하고 실행해야 한다.

모든 리딩은 에너지 관점으로 이루어져야 한다. 이끌어가야 할 구성원들의 감성 관리가 조직 에너지 증가에 더 중요하다고 판단되면 공감과 이해를, 위급하거나 다수결로 판단할 상황이 아니라면 과감한 이성적 판단을 해야 한다. **리더는 계속해서 조직의 에너지 변화 구조에 이슈가 없는지 점검하면서 에너지의 총량을 늘려나가야 한다.**

이 세상에 효율 100퍼센트에 이르는 이상적인 기관은 없다. 일반적으로 자동차와 같은 내연기관의 에너지 효율은 50퍼센트를 넘지 못한다고 알려져 있다. 그러나 사람으로 만들어진 조직이라는 기관은 이러한 효율 한계를 따지기가 어렵다. 한 사람 속에 어마어마한 열정과 창의라는 에너지를 품고 있기 때문이다. 열정과 창의는 투입 대비 말도 안 되는 일을 할 수 있다.

창조적 인간은 꿈과 열정을 바탕으로 세상을 바꿀 수 있는 정보와 기술을 만들어낸다. 이러한 정보와 기술로 인해 인류는 진보와 발전을 이루어낸다. 물론 환경오염이나 자연 생태계를 파괴하는 경우도 있지만 어떠한 물체보다 기관 효율은 어마어마하다. 햇빛에 의해 길러진 동식물을 섭취하여 에너지를 얻은 인간은 일을 해서 세상의 가치를 만들고, 그 가치를 통해 만들어진 에너지를 또 섭취한다.

태양으로 공급받는 우주적 에너지를 사회적 에너지로 바꾸는 이 인간 기관의 효율은 100퍼센트에 가까울 수도 있고, 마이너스 효율을 보일 수도 있는 극단적인 차이를 보인다. 에너지를 섭취하고도 일하지 않는 사람은 세상에 가치를 만들어내지 못하고, 또 세상에 해가 되는 집단도 있다. 나치가 그 예가 될 수 있는데, 이러한 집단의 에너지는 크면 클수록 세상의 가치 측면에서는 효율이 마이너스라고 볼 수 있다.

그러므로 관리의 핵심 대상은 사람의 일이란 에너지이며, 리더가 어떻게 이 에너지를 관리하느냐에 따라 효율이 결정된다. 물론 이 열정과 창의 또한 그 사람에게 계속해서 공급되어 쌓여왔던 에너지다. 리더는 한 사람 한 사람의 에너지가 극대화될 수 있도록 관리해야 한다. 모든 것은 열역학의 테두리에서 벗어나지는 않는다(언제나 에너지 총량은 보존된다).

조직의 에너지가 줄지 않게 하는 데 집중하라

열역학 법칙은 너무나도 당연한 자연법칙이기 때문에 대부분의 리더는 본능적으로 에너지의 흐름과 출입 상태에 대해 잘 느낄 수 있다. 그러나 문제가 있는 리더가 있다. 알면서도 자신의 개인적 욕심이나 독단, 무지 때문에 에너지 순환 단계를 깨뜨리는 경우가 있다. 또한 편협한 이해와 무지에 찬 판단으로 조직의 에너지를 잃게 만들기도 한다.

예를 들어, 회사에 여유가 없고 적자인데도 보상을 과도하게 해야 한다고 주장만 한다든지, 열심히 했으니 보상을 해줘야 한다는 등 전체적인 일과 에너지에 대한 평가를 제대로 하지 못하고 자신에게 보이는 대로만 단편적인 주장을 하는 리더들이 우리 주위엔 아직도 많다. 반대로 충분한 에너지가 보유되어 있음에도 불구하고 제대로 된 보상을 하지 않고 회사 혹은 자신만의 이익을 챙기는 그런 리더들도 있다. 열역학은 이러한 비자연적인 사람들에게 조직을 맡기지 말라고 충고하고 있다. 거의 모든 리더들은 학창 시절 물리 공부를 했다. 그리고 에너지 보존 법칙을 배웠다. 하지만 아직도 욕심과 무지 때문에 너무도 당연한 자연법칙을 거스르고 있는 이들이 있다.

C사의 기술본부장은 항상 자신감이 넘쳤다. 자기 분야인 분자 기술 이외에도 회사 전반에 대해 신입 사원일 때부터 일해왔기 때문에 A부터 Z까지 다 파악하고 있었다. 그러나 자신의 기술본부에서 행해지는 팀장들과 담당자들의 일에 깊숙이 들어가지 않았다.

물론 자신의 스타일이나 생각대로 되지 않을 경우도 많았다. 하지만 본부장은 먼저 관여하지 않았다. 각자 자신들이 잘할 수 있는 위치에서 일할 수 있도록 배려해주었고, 처한 상황과 염두에 두어야 할 부분에 대해서만 정리해주었다. 그리고 추진해야 할 목표와 방향을 잘 설정해주었다.

본부원들도 이렇게 자신들을 믿어주는 본부장을 잘 따랐다. 본부의 성과는 항상 좋았다. 그리고 본부장은 타 본부 대비 좋은 평가와 개인평가도 더 좋게 받을 수 있도록 회사로부터 우수평가등급 비율을 더 많이 확보했다. 본부의 주요 역할인 기술 개발과 연구는 구성원들에게 맡겼다.

평상시 자신은 자문과 조언을 담당했다. 그가 집중했던 일은 본부의 에너지가 줄지 않게 하는 것이었다. 언제나 좋은 직원에 대한 욕심이 많았고, 좋은 직원으로 만드는 교육 프로그램을 원했다. 본부의 평가도 좋아야 했고, 계속 본부는 성과를 내서 회사 성장에 기여해야 했다. 당연히 다른 부서 직원들도 기술본부로 가고 싶어 했다. 기술본부장은 회사에서 우수 직원들만 골라서 받았다. 본부 실적은 더욱 좋아질 수밖에 없었다. 에너지 선순환 드림팀이 되었다. 이후 기술본부장은 기술회사 대표이사까지 맡게 되었다.

7

리더는 조직의 열정을
타오르게 하는 에너지 공급자
워라밸의 오류

워라밸이 아니라 '워레벨'이다

'워라밸'work-life balance은 '일과 삶의 균형'을 뜻한다. 그런데 일과 삶의 균형이란 말은 좀 이상하다. '일'work은 삶의 일부분이다. 나머지 절반은 일이 아닌 취미, 휴식, 가정생활 등을 의미하는 '여가'leisure다. 일과 여가가 모여 삶이 된다. 그러니 제대로 표현하자면 워라밸이 아니라 워레밸work-leisure balance이 맞다.

어찌 됐든 우리는 일과 여가를 시간이란 기준으로 나누어 생각한다. 일하는 시간이 많으면 여가 시간이 줄어들고, 일하는 시간이

적으면 여가 시간이 많아진다. 일과 여가는 상대적이다. 이러한 관점은 일을 힘으로 바라보는 경향에 의해 발생했다. 물리학적으로 일은 힘뿐만 아니라 결과도 중요한데 힘을 쓴 시간만을 고려한 개념이기 때문이다. 결과가 어떠한가에 대해서는 워라밸에서는 이야기하고 있지 않다.

일과 여가의 순환구조를 만드는 법

물리학적 일은 노력과 성과에 의해 구성되어 있다고 했다. 노력은 일하는 방법, 노하우와 관련이 있다. 중장기적으로 노하우가 쌓여나간다. 노력은 일의 수준과 효율을 높여준다. 성과는 노력에 의한 결과로서 바로 얻을 수 있는 보상과 관련이 있다. 계속해서 일할 수 있도록 다시 얻는 에너지의 원천이 된다.

일에 의한 노하우와 보상은 여유를 만들어낸다. 일을 더욱 손쉽게 만들고 일할 수 있는 동기를 부여한다. 일은 노력뿐만 아니라 성과까지 같이 내포하고 있기 때문에 하면 할수록 여유가 생기게 되는 것이다. 그러므로 당연히 여가도 커진다. 일과 여가는 서로 반비례하는 상대적인 개념이 아니라 서로 비례하는 상호 보완적인 구조를 갖는 것이다. 결과적으로 일이 커지면 여가도 많아지고 전체 삶은 풍요로워지는 것이다. 다음의 그림처럼 아주 이상적인

● 일과 여가가 선순환하는 이상적인 삶의 구조

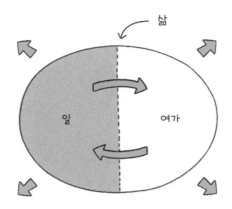

일과 여가의 순환구조가 만들어진다.

문제는 성과가 나지 않았을 때다. 노력을 했는데도 성과로 돌아오지 않을 때. 이때는 일이 많은 게 아니다. 일이 적은 것이다. 노력만 하고 성과가 없어 일이 줄어드니, 여유가 없어지고 여가 시간을 갖기 어려워진다. 악순환의 삶이 된다.

리더의 역할 중 가장 중요한 것이 조직 전체를 이런 이상적인 일과 여가의 순환구조를 만드는 것이다. 노력에 의한 성과를 만들어 내지 못하거나 적절한 보상과 휴식이 이루어지지 않을 때, 조직의 일과 여가 구조는 망가지게 된다. 따라서 리더는 제대로 일이 되고 있는지, 제대로 보상과 휴식이 이루어지고 있는지 끊임없이 점검하고 개선해야 한다.

워라밸을 지향하는 사람들은 시간의 균형으로 자신의 삶을 찾으려고 애쓴다. 그러나 일과 여가의 시간 균형을 맞추는 것으로는 이 문제를 해결할 수 없다. 왜냐하면 일을 힘으로 보는 경향에 의해 문제가 더 심각해지기 때문이다. 일을 힘으로만 보면 일이 싫어진다. 일이 싫어지면 의욕을 잃게 되고, 당연히 성과와는 더 거리가 멀어지게 된다. 저성과는 자존감을 떨어뜨린다. 다시 일할 의욕을 잃게 된다. 그에 따라 조직은 의욕과 자존감 상실, 저성과의 악순환에 빠지고 만다.

일을 힘든 노동으로만 바라보는 전형적인 '아재형' 지원실장이 있었다. 일은 하기 어렵고, 하기 싫은 것으로 생각하는 사람이었다. 이런 사람이 어떻게 한 회사의 지원실장을 맡을 수 있는지 너무도 의아할 뿐이었다.

이런 리더와 같이 일하는 지원실 사람들도 대부분 같은 생각을 갖고 있었다. 일은 여가와 휴식의 정반대인 힘든 것으로 인식하고 있었다. 그러니 당연히 일은 나쁜 것이 되어버렸다. 벌이고 고통이었다. 일은 회피의 대상이 되어버렸다. 지원실의 역할, 회사와 타 부서를 위한 지원이라는 일 자체에 녹아 있는 배려와 소명의식 같은 것들을 전혀 찾아볼 수 없었다. 그냥 일 자체가 부담이었다. 그러니 모두들 일을 피했다.

경영진과 타 부서의 불만은 커져갔다. 지원실은 저성과 부서로 낙인 찍혔고, 언제나 타 부서의 공격 대상이 되었다. 지원실은 패배감에 휩싸이게 되었고, 의욕 상실감이 지배했다. 그리고 이런 우울감은 회사 전체에 천천히 퍼졌다. 안 좋은 분위기와 나쁜 감정들은 전염된다. 현재 그 지원실장은 교체되어 조직문화적으로 개선되고 있지만, 이미 깊게 뿌리박힌 사기 저하와 책임 회피 분위기는 아직도 남아 있는 실정이다.

Work-life balance가 아니라 Work-leisure fire!

일은 좋은 점도 나쁜 점도 모두 가지고 있다. 장단점이 있다. 그러나 일은 삶의 일부다. 리더는 일에 대한 인식이 나쁜 쪽으로만 뻗어나가지 않도록, 악순환의 고리에 조직이 들어가지 않도록 관리해야 한다. 조직이 일을 힘들고 피하고 싶은 노동으로만 보는 관점을 갖지 않도록 해야 한다. 조직이 일에 대해 긍정적인 면도 바라볼 수 있도록 해야 한다. 성과를 창출하고 또 보상과 휴식을 받을 수 있도록 해야 한다. 일을 통해 삶이 풍요로워지는 것을 경험하게 해야 한다.

물론 태어날 때부터 일을 엄청나게 싫어하는 사람도 있다. 소위 베짱이족들이다. 이들은 본성이 게으르다. 다행히 전체 사람 중 적은 비율을 차지한다. 반면에 일개미족들도 있다. 일을 삶의 전부로 생각한다. 일할 때가 가장 행복하고, 일 자체가 존재의 이유인 희한한 종족이다. 이들은 베짱이족보다 더 비율이 낮다. 정규분포의 양 끝단을 차지하고 있는 이들과는 다르게 대부분의 나머지 사람들은 일도 중요하고, 여가도 중요하다.

일도 '잘'하고, 여가도 '잘' 즐겨서 순환구조의 에너지 총량을 증가시키는 것이 필요하다. 노동은 하기 힘들고 귀찮지만, 일은 뿌듯함과 성취감을 느낄 수 있게 한다. 일은 형벌인 동시에 선물이기도 하다. 일은 여가를 만들고, 여가는 다시 삶에 활력을 준다. 일에서 느낄 수 없는 재미와 가치를 느끼게 해준다. 그러나 인간은 여가만으로는 살 수 없다. **일과 여가 둘 다 중요하다. 둘의 균형을 맞춰 분배하는 게 아니고, 서로에게 영향을 주는 둘 다를 조금씩 조금씩 그 양을 늘려야 한다. 이 둘은 원래부터 하나였고, 모두 같은 에너지다.**

베짱이들이 말하는 '인생 뭐 있어~'라는 일에 대한 회피도 틀렸고, 일개미들이 말하는 '일의 행복'과 같은 일중독도 틀렸다. 일과 여가는 모두의 열정과 주도하에 운영되는 에너지 덩어리들이다. 리더는 항상 구성원들의 상태를 민감하게 관찰해야 한다. 구성원들의 열정과 에너지가 떨어지고 있지는 않은지 항상 관심을 두고 살펴야 한다. 그리고 리더는 구성원의 삶이 계속해서 풍요로워질 수 있도록 끊임없이 에너지를 넣어줘야 한다. 조직의 불길은 계속해서 타올라야 한다. 이를 위해서는 일과 여가의 밸런스(워라밸)가 아니라 '일과 여가의 파이어' Work-leisure fire다! 리더는 구성원의 열정을 타오르게 하는 에너지 공급자다.

8

리더는 긍정적 엔트로피가
커지도록 관리해야 한다
엔트로피 법칙

엔트로피는 항상 증가한다

산업혁명 직후, 열에 대한 연구가 더욱 활발해졌다. 열은 뜨거운 쪽에서 차가운 쪽으로 자연스럽게 흐르며, 차가운 쪽에서 뜨거운 쪽으로는 자발적으로 흐르지 않는다는 성질을 알게 되었다. 이것을 열역학 제2법칙(엔트로피 법칙)에서 엔트로피는 항상 증가한다고 했다. 자연적으로 형성된 온도를 높이거나 낮추려면 히터나 에어컨과 같은 기계로 열을 더 공급하거나 열을 빼앗아야 한다. 이것은 자연현상을 거스르는 행위이기 때문에 더 많은 에너지가 투입되어야 한다. 이러한 엔트로피와 에너지의 개념은 또 다른 천재 루트비히 볼츠만Ludwig Boltzmann이라는 과학자에 의해 더욱 정교해 졌다.

가스통에 열을 가하면 가스통이 터질 수 있다는 것을 우리는 직 감적으로 알고 있다. 볼츠만은 이러한 현상은 가스통 안의 기체 분자가 열에 의해 운동이 활발해지고 서로 충돌하면서 에너지가 올라가기 때문이라고 보았고, 이런 미시 상태(분자 운동)가 거시 상태(폭발 가능)를 설명해줄 수 있다는 해석을 내놓았다.

물질이 분자로 이루어져 있다는 것이 확실치 않았던 당시로선 볼츠만의 해석은 공감을 얻지 못했다. 그러나 이후 아인슈타인 에 의해 밝혀진 분자들의 무질서적인 이동과 충돌, 즉 브라운 운 동brownian motion(액체 혹은 기체 안에 떠서 움직이는 작은 입자의 불규 칙한 운동. 주변의 열운동을 하는 기체나 액체의 분자가 미립자에 불규 칙하게 부딪혀서 일어난다)에 의해 에너지가 변화한다는 것이 증명 되면서 볼츠만의 분자에 의한 에너지 증가 이론 또한 인정을 받게 되었다.

볼츠만은 기체 분자가 열을 받아 에너지가 높아지는 현상을 '기 체 분자의 무질서 상태'로 설명했다. 방 안에 난방기구를 틀면 방 안의 차가운 공기는 난방기구에서 나온 뜨거운 공기를 만나 무질 서하게 섞이게 된다. 왜 공기는 이렇게 섞이게 되는 걸까? 공기뿐 만 아니라 액체도 마찬가지로 대부분 섞이게 된다. 이렇게 무질서

● 두 기체의 상태에 따른 엔트로피 비교

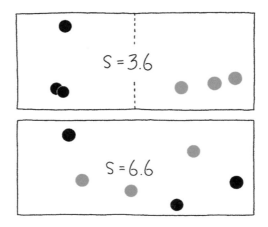

검은색 점은 차가운 공기 분자이고, 붉은색 점은 뜨거운 공기 분자다. 위쪽 그림은 차가운 공기와 뜨거운 공기가 중간의 보이지 않는 벽에 의해 분리되어 있는 상태다. 이러한 상태는 엔트로피(S)의 값이 3.6으로 낮다. 그와 달리 아래쪽 그림처럼 중간에 벽이 없으면 차가운 공기와 뜨거운 공기는 무질서하게 섞이게 된다. 이 상태가 더 자연스러운 상태이며, 이때 엔트로피(S)는 6.6으로 더 높은 값을 갖게 된다.

하게 섞이는 상태가 서로 분리되어 있는 상태보다 엔트로피가 더 높기 때문이다. 엔트로피가 높은 것이 더 자연스럽다고 할 수 있다.

우주의 모든 에너지는 자연스러움을 추구한다. 즉, 항상 엔트로피가 높은 곳으로 변화하려는 성질을 갖고 있다. 엔트로피가 높다는 것은 기체의 분자에서처럼 무질서하다는 것이다. 그러므로 우주의 엔트로피는 계속 증가한다는 것을 알 수 있다. 무질서함, 섞이는 것은 자연스러운 현상이다.

조직에는 두 가지 엔트로피가 있다

조직의 관점으로 볼 때 볼츠만의 엔트로피를 적용하면 다음과 같다. 기체 분자 하나를 조직 구성원 한 명이라고 가정한다면, 뜨거운 사람도 있고 차가운 사람도 있다. 한 조직 안에서 이들을 분리시켜놓는 것은 매우 어렵다. 엔트로피가 낮기 때문이다. 다양한 직원들이 하나의 조직 안에서 서로 섞이는 것이 자연스럽다. 엔트로피가 높기 때문에 하나의 조직 내 구성원들은 서로 영향을 주고받으며 무질서하게 섞이게 된다.

리더는 구성원들이 서로 더 섞이고 영향을 줄 수 있도록 환경을 만들어주고 독려해야 한다. 이것은 조직이라는 기관에 가해지는 열에너지와 같다. 비전, 칭찬, 지적 등 다양한 방법으로 조직에 에너지를 가할 수 있다. 에너지를 전달받은 구성원의 움직임은 커진다. 조직의 엔트로피가 더 높아진다. 사람들의 엔트로피가 높아지면 기체 분자와 마찬가지로 폭발 위험이 생긴다.

조직 내 엔트로피의 증가에는 두 가지 종류가 있다. '긍정적인 엔트로피 증가'와 '부정적인 엔트로피 증가'다. 긍정적 엔트로피가 높아진다는 것은 조직 내 열정과 관련이 있다. 조직을 성장, 발전시키려는 리더의 의도와 동일하게 조직 구성원들이 자극을 받고 열정적으로 일하게 되는 것이다. 뜨거운 삶을 원하는 사람들은 리더의 열정과 기운을 먼저 전달 받고 차가운 사람들과 서로 부딪치고 영향을 준다. 최종적으로는 멋진 상품과 서비스를 만들어내고 세상의 폭발적인 반응을 이끌어내게 된다.

반대로 부정적인 엔트로피가 높아질 수도 있다. 조직이 나아가야 할 방향이나 리더의 의도와는 다르게 사람들의 열정이나 희망의 에너지가 아닌 불만이나 스트레스 같은 에너지가 높아지는 경우다. 이런 경우는 환경적 요인도 있겠지만, 대부분 리더의 열에너지 공급 방식이 잘못되었을 경우가 더 많다.

리더가 제대로 리더십을 갖고 있지 못하거나, 부정과 비윤리 혹은 독단과 독선 등 그릇된 리더십을 갖고 있을 경우, 저질의 열에너지는 사람들의 불만과 스트레스 에너지로 변환된다. 이런 부정적 에너지가 커지면 마침내 양질의 사람들은 조직을 떠나고 내부에 남아 있는 사람들의 불만은 폭발한다. 폭발의 결과, 고소나 고발, 단체 행동 같은 현상이 일어나게 된다. 의미 없는 회의나 보고, 단합을 가장한 회식이나 액티비티 등의 쓸데없는 리더의 열에너지 또한 조직의 부정적 엔트로피를 서서히 올리는 경우가 된다.

리더의 열에너지는 조직에 100퍼센트 전달된다

———

리더의 열에너지는 고스란히 조직에 전달된다. 전달된 리더의 열에너지는 긍정적 엔트로피 증가를 통해 최고의 상품과 서비스로 연결될 수 있고, 부정적 엔트로피 증가로 직원들의 퇴사나 불만이 터져 나오는 현상으로 나타나기도 한다. 좋은 쪽이든 나쁜 쪽이든 시간이 흐를수록 조직의 엔트로피는 계속해서 올라간다. **리더는 자신의 리더십이 제대로 조직에 전달되어 긍정적 엔트로피로 연결되고 있는지 항상 예의 주시하며 체크해야 한다.**

체크하는 방법은 간단하다. 조직 구성원들의 반응을 보면 알 수 있다. 열정과 희망을 갖고 보람차게 일하고 있는지, 불만과 스트레스를 가지고 억지로 일하고 있는지 관찰해야 한다. 이것을 본인이 느끼거나 평가하지 못한다면 조직의 에너지를 관리해야 할 리더로서 자격이 부족한 것이다.

사실 거의 모든 조직은 긍정적 엔트로피와 부정적 엔트로피가 함께 증가하는 것이 일반적이다. 당연하다. 엔트로피가 증가하는 것, 엔트로피가 높아지는 것이 자연스러운 현상이기 때문이다. 여기서 리더에게 중요한 것은 반드시 긍정적 엔트로피 증가가 부정적 엔트로피 증가보다 더 많이 되도록 해야 한다.

만약 반대의 경우라면 하루빨리 조치를 취하는 것이 좋다. 문제 있는 구성원 분자를 교체해주든지, 구성원의 규모를 줄여주든지, 자신의 리더십을 완전히 뜯어고치든지 어떠한 조치든 해야 한다. 폭발 위험이 있기 때문이다. 눈앞에 가스통이 장작불에 달궈지고 있는데 그냥 계속 멍하니 보고만 있을 것인가? 아니면 모두 빨리 도망치라고 소리라도 쳐야 한다. 가만히 있다간 다 죽는다.

'부정적 엔트로피'를 높이는 리더

지금까지 몇 명의 분노조절장애가 심한 리더를 만났다. 이들은 치밀어오르는 화를 스스로 억누르지 못하고 소리를 지르거나 인격모독적 언어를 내뱉었다. 그들의 공통적인 면이 있었는데 모두 일을 잘한다는 것이다. 엄청난 노력파였고, 그 노력에 의한 성과가 좋았다. 그리고 또 하나의 공통점이 있었는데 자신보다 윗사람에게는 자신의 화를 절대 드러내지 않는다는 점이다. 그러다 보니 자신만큼 일하지 못하는 부하 직원에게 화를 쏟아냈다. 그 직원들은 감정 쓰레기통이 되었다.

이런 리더의 조직은 부정적 엔트로피가 매우 높다. 물론 단기적으로는 성과를 낼 수 있다. 하지만 열정이나 자가 부양적인 긍정적 에너지가 높아지는 것이 아니라 공포와 긴장에 의한 강압적 에너지가 형성되고 불안과 스트레스가 불만과 분노로 변하면서 부정적 에너지가 증가해 엔트로피가 높아진다.

분노조절장애 리더들은 하나같이 부정적 엔트로피 증가의 긍정적인 면만을 해석하려 든다. 능력이 떨어지고 수준이 낮은 직원들의 역량을 올리려면 스트레스를 주는 것이 맞다고 주장한다. 물론 부정적인 엔트로피를 높여서라도 상황을 바꾸어야만 하는 절체절명의 상태라면 그럴 수도 있다. 하지만 그렇지 않은 평상시에도 화를 잘 낸다. 사실 그들은 화를 내지 않으면 자신 내부에 스트레스가 쌓이기 때문이다. 그들의 주장은 핑계에 불과하다. 자신에게 쌓이는 스트레스의 분출을 위해 조직의 부정적 엔트로피를 높이고 있는 것이다. 그로 인해 조직의 붕괴 위험성은 높아지고 자신은 평정을 찾는다. 분노조절장애 리더들은 아주 이기적인 사람들일 뿐이다.

긍정적 엔트로피를 높이는 리더

위에서 언급한 사람들과 반대되는 리더들도 여러 번 만났다. 이들은 현재 조직의 문제점을 느낀다는 점에서 위의 리더들과 같았다. 조직이 전반적으로 수준이 낮거나 바꿔야 할 것들이 많음을 느낄 때, 그들은 치밀어오르는 화 대신 차분함을 유지한다.

그들도 공통적인 면이 있었는데 모두 일을 잘한다는 것이었다. 엄청난 노력파였고, 그 노력에 의한 성과가 좋았다. 그리고 또 하나의 공통점이 있었는데 부하 직원의 탓을 하지 않았다. 그보다는 자신의 모자람과 책임을 이야기하며 겸손해했다. 그러다 보니 자신이 제대로 가르쳐주지 못하고, 이끌어주지 못하는 것에 대해 조직과 부하 직원에게 미안해했다. 그리고 어떻게 하면 잘 지도하고 이끌 수 있을지에 대해 항상 고민했다.

이러한 리더의 조직은 긍정적 엔트로피가 높았다. 물론 곧바로 성과가 나타나지 않은 경우도 있었지만 1, 2년이 지난 후에는 아주 탄탄한 조직력이 갖춰졌고, 제대로 된 상품과 서비스를 만들어 냈다. 브랜드 인지도 상승과 매출이 뒤를 이었다. 아주 건강한 중장기적 안정감이 느껴지는 조직이 되었다. 더욱 중요한 것은 해당 조직 구성원들은 항상 인상보다는 미소를 지으며, 불안보다는 자신감을 갖고 있다는 것이다.

9

에너지 관리가 리더의
가장 중요한 숙제인 이유
에너지 효율

유능한 리더는 에너지 효율에 진심이다

리딩의 대상은 일하는 사람이다. 일은 노력과 성과가 함께 버무려져 만들어진다. 성과 없는 노력만으로는 생존할 수 없고, 노력 없는 성과만으로의 미래는 불안하다. 일은 에너지이고, 에너지는 여러 가지 형태로 변한다. 에너지가 변하는 데 그 양과 방향은 정해져 있어서 한번 잃으면 돌이킬 수 없다. 그러므로 리더에게 조직의 에너지 관리는 가장 중요한 숙제다. 그리고 항상 조직의 엔트로피는 증가하는데 부정적 엔트로피가 아닌 긍정적인 엔트로피가 증가하도록 해야 한다.

조직의 에너지 관리를 참 잘하던 리더가 있었다. A사에 다닐 때였는데, 내가 만난 첫 번째 제대로 된 리더였다. 당시 그는 제품개발실장이었다. 그는 언제나 '효율'을 따졌다.

"이거 하면 회사에 그리고 나한테 뭐가 좋아지는데?"

"이렇게 하면 우리는 손해 아니야?"

항상 일한 것에 대한 이익이 무엇인지, 효과가 무엇인지, 효율이 어떤지 꼼꼼히 따져 물었다. 그냥 하기 싫어서가 아니었다. 하기 싫었으면 그냥 핑계 대고 안 한다고 했을 것이다. 그러나 항상 일뿐만 아니라 모든 것에 효율을 따지는 습관을 가지고 있었다. 마치 물건 살 때 흥정하는 것처럼 엄청 까다롭게 굴었다. 너무 지나치게 손익을 따지는 바람에 주위 동료들은 얍삽하다거나 이기적인 사람이라며 험담을 많이 했다.

하지만 직속 부하 직원들은 그렇게 생각하지 않았다. 그는 괜찮은 결과가 나올 것 같다고 판단이 되면 합의한 후 곧바로 움직였다. 일도 워낙 잘했다. 해야 한다고 마음속으로 결정하면 물불을 가리지 않고 전광석화처럼 움직였다. 업무 분장과 지시도 깔끔했다. 효과가 예상되는 것만 하니 당연히 성과를 냈다. 세계 1등 제품도 만들어냈다. 항상 인사평가는 전 사 1등이었다. 계속 초고속 승진했다. 개발뿐만 아니라 생산, 연구 조직까지 총괄하는 부문장이 되었다.

그는 전형적으로 욕심이 많은 스타일이었지만, 철저히 질quality 과 효율 중심으로 욕심이 많은 사람이었다. 맡고 있는 조직에 인원이 늘어나는 것을 절대 원치 않았다. 관리하기 힘들다는 이유에서였다. 회사에서 평이 가장 좋은 친구로만 고르고 골라 자신의 조직에 합류시켰다. 뛰어난 멤버들로만 구성했다. 자신이 잘되는 만큼 그들의 성장과 발전에도 무던히 신경을 썼다. 당연히 그들도 항상 평가가 좋았다. 바로 아래 가장 신임하던 팀장을 좋은 주재원 파견 기회가 생기니 바로 추천해서 보냈다(2년 뒤 자신이 승진하는 바람에 다시 그 팀장은 복귀해서 제품개발실장을 물려받아야 했지만 말이다).

그 제품개발실장은 구성원들에 대해 일 중심으로 평가했다. 담당 업무의 난이도와 양을 체크하고 얼마나 노력하고 신경을 쏟는지를 철저하게 살펴보았다. 그리고 최종적으로 마무리된 업무의 결과를 평가했다. 일에 치여 지쳐 있는 구성원이 보이면 바로 그 즉시 퇴근시키고, 휴가를 다녀오게 했다. 실장은 며칠 업무가 지연되더라도 조직에는 맑은 기운과 심신이 가득해야 한다고 강조했다. 모두들 실장에 대한 믿음과 존경을 가지고 있었고, 실장도 구성원들을 신뢰하고 이끌었다. 긍정적 엔트로피가 계속 증가했다. 물어본 적은 없으나 실장은 분명히 학창 시절에 열역학을 아주 잘 이해했을 것이다.

뉴턴을 뛰어넘어야 하는 이유

에너지 변화에 대한 엔트로피적 해석은 시간과 연관이 있다. 시간이 흐르면 흐를수록 우주의 엔트로피가 증가하는 방향으로 흘러가고 있다. 이것은 쓸모 있는 것에서 쓸모없는 것으로 변한다는 것을 의미한다. 생로병사의 이치다. 모든 우주 만물은 엔트로피 법칙에 따라 생성되고 사라진다. 태양과 지구 그리고 우리들 모두 이 법칙에 따라 생성되고 운동하고 최후를 맞이하게 된다.

우리는 태양과 지구의 운동을 시간이라는 것으로 만들어 사용하고 있다. 시간은 우주의 에너지 변화 과정에 대한 흐름을 표현한 것일 뿐, 시간의 실체는 존재하지 않는다. 극단적으로 태양과 지구가 사라진다면 우리는 시간을 정의할 수 없고 시간의 의미도 없어진다. 그러므로 시간은 절대적이지 않다. 태양과 지구 혹은 우리 인간의 존재에 의존하고 있다.

시간과 같이 공간도 마찬가지다. 절대적 공간은 존재하지 않는다. 우리는 지구상에서 존재한다. 지구 위에 가만히 서 있어도 가만히 서 있는 것이 아니다. 지구가 자전하기 때문에 실제로는 빠른 속도로 움직이고 있다. 다만 관성에 의해 움직임을 느끼지 못하고 있는 것뿐이다. 지구는 태양 주위를 공전도 한다. 그러므로 사실 우리는 자전에 의한 속도보다도 더 빠르게 움직이고 있다. 태양계 전체도 은하계 안에서 엄청난 속도로 움직이고 있다. 그러므로 우리는 지구의 자전 속도 시속 1,000킬로미터 이상, 공전 속도 시속 10만 킬로미터보다 더 빠르게 움직이고 있다. 정말 엄청나게 과속하고 있는 차를 타고 있는 것과 마찬가지다.

하지만 우리는 과속을 느끼지 못한다. 관성 때문이다. 모두 각자의 관성으로 움직이고 있다. 이처럼 모든 공간도 고정되어 있지 않고 절대적이지도 않다. 위치에 따라 상대적인 특성을 갖고 있다. 물리학에서는 이것을 '시공간의 상대성'이라고 부른다.

뉴턴은 시간은 일정하게 흐르고, 공간은 고정된 것으로 시간과 공간은 절대적이라고 정의했다. 지금 우리도 그렇게 느끼고 있다. 하지만 많은 과학자와 철학자들이 시간과 공간에 대해서 상대적 혹은 무실체적이라고 주장해왔고, 20세기 초 마침내 아인슈타인이 등장하여 깨끗이 정리했다. 뉴턴과 우리들 모두가 틀렸다고, 지금까지 알던 것은 다 틀렸다고.

여기까지가 근대물리학으로 살펴본 리더십이다. 우리가 보고 느낄 수 있는 세상의 만물을 해석할 수 있는 것이 근대물리학이다. 우리가 느끼는 리더십과 일 그리고 에너지의 해석은 근대물리학으로 해석이 가능하다.

그러나 이제 현대물리학으로 넘어간다. 빛과 같이 아주 빠르고, 우주와 같이 아주 크거나, 원자와 같이 아주 작은 미시세계에서는 근대물리학은 더 이상 맞지 않는다. **기업에서도 조직의 문화나 세**

대의 특성, 노사 대립, 리더의 관찰, 철학, 애정 등은 구조화하기 어렵고 또 잘 보이지도 않는다. 이 영역에서는 근대물리학으로는 설명이 어렵다. 즉, 현대물리학에 의한 해석이 필요하다. 이제부터는 리더가 알아야 할 완전히 다른 차원의 세계에 대해 이야기를 해보려고 한다.

일은 노력과 성과 모두를 고려해야 한다.
#일의 정의

리더는 조직의 에너지 순환구조를 관리하는 에너지 관리자다.
#열역학 제1법칙, 제2법칙

일과 여가는 균형이 아닌 확대가 더 중요하다.
#워라밸에 대한 고찰

조직 내부에 부정적 엔트로피(불만, 퇴직)가 아닌
긍정적 엔트로피(신뢰, 협업, 공감)가 많아져야 한다.
#엔트로피 법칙

상대성이론

유능한 리더의
시간은
다르게 흐른다

1

진짜 세상을 보려면
고정관념부터 깨라
광속 불변의 원리

상식 밖의 물리학

지금까지 알아본 물리학은 우리가 눈으로 보고 예측할 수 있는 현상에 대해 이야기했다. 이제부터 알아볼 물리학은 우리의 감각으로는 느낄 수 없는, 직관적으로 잘 이해하기 힘든 현상과 세계를 다룬다. 이전의 물리학을 고전물리학이라고 하는데 그 주인공은 아이작 뉴턴이었다. 그의 이론은 19세기까지 자연과학의 최고봉 자리를 고수하고 있었다.

그런데 빛과 같이 빠르고, 우주처럼 광활한 큰 공간에서는 뉴턴

● **광속 불변의 원리**

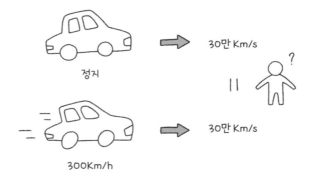

의 물리학이 잘 맞지 않았다. 빛과 관련되어 두 가지 현상이 뉴턴의 물리학과 잘 들어맞지 않았다. 첫째는 빛의 속도는 어떠한 조건에서도 항상 일정하다는 것이었고, 둘째는 별 주위에서 빛이 휜다는 것이었다.

뉴턴의 물리학에서는 빠른 것을 더 빠르게 하면, 그만큼 더 빨라져야 한다. 말이 좀 어려운데, 그냥 걷고 있는 사람보다 움직이는 무빙워크 위에서 걷는 사람이 더 빠른 것과 같이 속도에 다른 속도를 더하면 전체 속도는 더한 만큼 더 빨라진다. 우리의 일상 세계는 뉴턴의 물리학에 의해 돌아간다.

그런데 빛의 경우는 달랐다. 빛은 더 빨라질 수 없었다. 빛의 속도는 어떠한 상황에서도 항상 초속 30만 킬로미터다. 빛이 무빙워크에 탄다고 해도 초속 30만 킬로미터다. 이것을 '광속 불변의 원리'principle of constancy of light velocity라고 한다.

CHAPTER 3 상대성이론

● **중력에 의한 빛의 휘어짐**

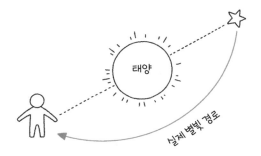

운전자가 정지한 차에서 나를 향해 빛을 비추면 그 빛의 속도는 초속 30만 킬로미터다. 그 사람이 시속 300킬로미터의 스포츠카를 타고 나를 향해 달리면서 빛을 비춘다면 빛의 속도는 초속 30만 킬로미터에 시속 300킬로미터가 더해져야 한다. 그러나 이 속도 또한 초속 30만 킬로미터다. 이렇게 빛의 속도는 절대 변하지 않는다. 이러한 결과는 많은 실험으로 증명되었다. 빛의 속도는 우리가 느끼고 경험한 상식과 맞지 않았다. 일반적인 우리의 사고(뉴턴적 사고)로는 이해할 수가 없다.

또 하나 우리의 상식으로 설명할 수 없는 것이 있다. 우리를 비추는 태양 뒤편에 숨어 있는 별은 우리에게 보이지 않아야 한다. 왜냐하면 별빛은 직선으로 비춰지기 때문이다. 그런데 우리는 태양 뒤에 가려져 있는 별빛을 볼 수가 있다. 이것도 관측 실험으로 증명된 사실이다. 실제로 그 별빛은 태양 주위에서 휘어져 우리에게 도달한다. 별빛이 휜다는 것도 쉽게 받아들이긴 힘든 부분이다.

빛처럼 빠른 상태에서는 뉴턴 물리학과 우리의 상식이 통하지 않게 된다. 세상만사 우리의 생각대로 되지 않는, 이해하기 힘든 희귀한 사건, 사고들처럼 말이다.

여기서 드디어 물리학의 슈퍼히어로 알베르트 아인슈타인Albert Einstein이 본격적으로 등장한다. 뉴턴은 시간과 공간을 절대시간과 절대공간이라고 정의하며, 어떤 것과도 상관없이 시간은 그 자체로 일정하게 흐르고, 공간은 움직이지 않는 하나의 절대적인 입체라고 생각했다. 하지만 **아인슈타인은 시간과 공간은 상대적, 즉 관측자에 따라서 모두 달라진다고 주장했다. 아인슈타인에 따르면, 빠르게 움직이는 물체의 시간은 느리게 흐른다.**

중력이 큰 곳은 공간이 늘어나고 휘어진다. 하지만 우리는 이것을 잘 느끼지 못한다. 우리의 감각으로 느낄 수 없는 아주 빠르고 커다란 세계에서의 일이기 때문이다. 우리는 빛의 속도를 느낄 수 없고, 우주에서도 작은 별에 속하는 지구의 움직임인 공전과 자전조차 느낄 수 없다.

게다가 많은 사람들은 자신들의 감각과 경험만을 믿는다. 느낄 수 없는 차이를 인정하지 않는다. 아직도 고정관념에 사로잡혀 일반론과 절대성의 노예로 살고 있다. 무려 한 세기 전에 아인슈타인이 세상은 상대적이며 일반적이지 않다는 진실을 밝혀냈는데 아직도 많은 사람들은 받아들이지 못하고 있다. 기존의 뉴턴적 사고에서 벗어나지 못하고 진실을 거부하고 있다. 평생을 자신의 프레임에 갇혀 살다가 죽는다.

하지만 리더는 프레임 밖으로 나와야 한다. 뉴턴의 절대성과 아인슈타인의 상대성까지 모두 이해하고 포용할 수 있어야 한다.

리더는 우주의 상대성을 이해해야 한다

오늘도 한 팀장이 깨진다. 그 위의 임원은 팀장의 유연한 업무관리 방식을 못마땅해하고 있다. 아니 받아들일 마음이 아예 없다. 팀장의 이야기를 듣는 것 자체를 힘들어한다. 그 상무는 항상 원칙과 논리로 일을 해왔기 때문에 그때그때 유연하게 대처하자는 팀장의 말을 본능적으로 싫어했다. 세상은 복잡하고 계속 변화한다고 해도 세상을 대하는 자세는 항상 원칙에 입각해야 한다고 생각했다. 체육시간 운동장에서는 줄을 맞춰서야 한다는 강박. 책상은 항상 정리정돈, 방은 항상 깨끗해야 한다는 결벽. 과연 그래야 할까.

제대로 된 리더는 우주의 상대성에 대해 이해하고 있어야 한다. 세상의 진짜 원리를 알아야 세상에서 살아남는 조직을 만들 수 있다. 이제 일반적이고 절대적인 시대는 뉴턴과 함께 지나갔다. 그런데 아직도 100년 전에 밝혀진 진실을 깡그리 무시하고 있는 리더들이 태반이다. 일반론에 빠져, 습관에 빠져, 독단에 빠져 그냥 자신이 보고 느낀 경험으로만 판단하려고 한다. 그러나 그것은 아주 위험한 행동이다.

진짜 세상은 그렇게 생기지 않았다. 모두가 느끼고 체험하는 시공간은 개인마다 조금씩 다르며, 생각하는 그때와 그 위치가 아닐 수 있다. 그리고 리더 본인도 상대적 원리의 영향 아래 리더십을 발휘하게 된다. 우리가 알고 경험하는 세계는 아주 일부에 속한다. 리더는 그 고정관념을 깨고 밖으로 나와 진짜 세상을 볼 수 있어야 한다. 그것이 이 시대의 리더가 가져야 할 시각과 공감각이다.

모든 세상은 상대적이고 모두 다르다는 것이 밝혀졌다. 그러나 여전히 우리는 뉴턴의 그늘에서 벗어나지 못하고 절대적 일반론에 사로잡혀 있다. 자신과 다른 의견에 대해 불쾌하게 생각하고, 엄청난 질책과 갈굼을 날린다. 아직도 진짜 세상을 이해하지 못하고 있다. 아인슈타인이 100년이나 전에 증명을 했는데도 말이다.

뉴턴을 신봉하는 리더들이 아직도 많이 있다. 정해진 원칙과 절대성을 고수하는 그들. 자신의 독단과 독선이 리더의 자리까지 올라가게 만들었을 수 있다. 오랫동안 힘든 시간을 버틸 수 있게 만든 원동력이었을지 모른다. 하지만 **고전물리학이 현대물리학으로 넘어온 것처럼 리더의 사고는 기존의 고정관념을 깨고 진리를 향해야 한다. 세상은 계속 변화한다.** 유연하게 변화해야 한다는 애자일 agile 이나, OKR objectives and key results(목표 및 핵심 결과지표. 조직적 차원에서 목표를 설정하고, 그 결과를 추적할 수 있도록 도와주는 목표

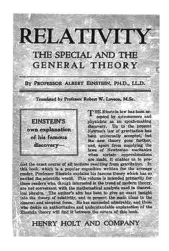

설정 프레임워크. 목표 설정에 수개월 걸릴 시간을 수일로 단축해준다)
같은 경영 개념들도 현대물리학적 접근을 닮은 방법론들이다. 사
실 유연함으로는 부족하다. 서로의 시공간, 세계가 다르다는 것을
온전히 인정해야만 한다.

　그냥 혼자만 사는 세상이라면 독단과 독선 속에 살아도 된다.
하지만 조직을 이끌고 미래를 향해야 하는 리더는 절대 그러면 안
된다. 관점에 따라 정답이 다를 수 있고, 지금의 정답이 미래에는
아닐 수 있다는 의심을 끊임없이 해야 한다.

　자기주장과 기존 관념에 사로잡혀 새롭고 다른 생각들을 깡그
리 오답 처리하는 행위는 현대를 살아가는 리더로서 절대로 해서

는 안 된다. 지금 우리가 사는 세상은 모두 상대적이다. 조금만 속도가 바뀌어도, 아주 조금만 위치가 바뀌어도 모든 상황은 바뀐다. 모두가 바라보는 세상은 모두에게 다르게 느껴진다. 그리고 아주 작은 질량의 차이에도 엄청난 차이의 에너지가 발생할 수 있다.

리더는 세상의 상대성과 다름을 이해하고 배려와 존중으로 다양한 의견을 들어야 한다. 그것들에 대한 조정과 조율을 하고 최종적으로 판단을 내려야 한다. 그렇게 진행된 일에 대해 반드시 책임을 져야 한다. 자신과 다른 것에 대한 이해와 받아들임 그리고 어떻게든 모두가 가야 할 방향으로 이끌어야 하는 책임과 의무를 지게 된다. 쉽지 않은 일이다. 하지만 그것이 리더의 운명이다. 그러므로 보통 사람과는 달라야 한다.

이제 리더들은 뉴턴의 그늘에서 벗어나 아인슈타인의 손을 잡아야 한다. 아인슈타인이 우리에게 손을 내민 지 벌써 100년이 넘었다. 이제는 더 이상 그를 무안하게 만들지 말아야 한다.

2

벤치마킹에 빠진 따라쟁이는
절대 리더가 되면 안 된다
특수상대성이론

아인슈타인의 특수상대성이론이 준 충격

아인슈타인은 1905년 특수상대성이론을 발표했다. 그의 이론 발표 전에 빛의 속도는 어떠한 상황에서도 변하지 않는다는 광속 불변의 원리가 실험으로 증명되었다. 아인슈타인은 속도의 주체인 빛이 변하지 않는다면 주변인 시공간이 변하는 것일 수도 있겠다는 생각을 하게 되었다. 그리고 빛과 같이 빠른 속도라는 특수한 상황 속에서 시간은 느리게 가고, 공간(거리)은 축소된다는 것을 깨닫게 되었다. 즉, 물체의 속도에 따라 시간이 달라진다. 속도가

● 특수상대성이론 : 속도와 시간의 상대성

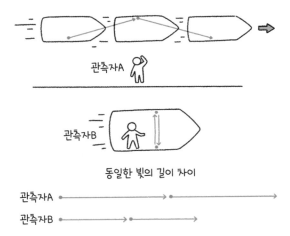

빠르면 시간은 느리게, 속도가 느리면 시간은 빠르게 흐른다.

관측자 A는 지상에 서 있다. 왼쪽 하늘에서 오른쪽으로 빠르게 날아가는 로켓을 바라보고 있다. 로켓의 아래쪽 벽에서 위쪽 벽으로 빛을 쏴서 다시 반사해 제자리로 돌아오게 한다면 관측자 A에게 빛은 그림과 같이 빨간색 긴 완만한 산 모양의 직선처럼 보일 것이다. 그런데 그 로켓에 타고 있는 관측자 B가 있다면 관측자 B에게 빛은 그림과 같이 짧은 왕복 직선이 될 것이다.

관측자 A의 빛은 길이가 긴 사선, 관측자 B에게는 길이가 짧은 왕복선. 둘은 분명히 하나의 같은 빛을 보고 있다. 하지만 둘이 보는 빛의 길이는 분명히 차이가 있다. 이럴 때, 로켓에 타고 있어 빠르게 움직이고 있는 관측자 B의 시간은 느리게 가고, 지상에 움직이지 않고 서 있는 관측자 A의 시간은 빠르게 가야 한다. 그래야 길이가 다른 두 빛이 같은 하나의 존재가 될 수 있다.

당시 뉴턴 물리학의 절대적 시공간 개념에 익숙해져 있던 사람들은 아인슈타인의 이론에 큰 충격을 받는다. '시간이 느리게 가고, 거리가 짧아질 수 있다니…'라고 말이다.

벤치마킹의 함정 : 일반화의 오류가 조직문화를 망친다

속도의 상태에 따라 시공간이 변한다. 모든 만물은 상태와 특성에 따라 주어진 여건과 환경이 변한다. 우리는 상대적이면서도 모두 다른 세상에 살고 있다. 절대적인 것은 없다. 그런데 많은 사람들이 세상을 절대적으로 바라본다. 근대의 물리학에서 벗어나지 못하고 있다. 모두를 만족시킬 수 있는 정답이 있을 것이라고 믿는다. 특히 리더들 중에 유난히 정답을 좋아하는 사람들이 있다. 그러다 보니 그들이 가장 좋아하는 것 중 하나가 세상의 정답을 찾으려고 하는 '벤치마킹'이다.

2000년대 초 조직문화의 중요성이 대두되면서 많은 회사가 사우스웨스트항공의 '펀경영'fun management 사례를 유행처럼 벤치마킹했다.

직원을 소중히 여기고, 일은 고된 수행이 아닌 재미가 되어야 한다며 너도나도 '펀경영'을 따라 했다. 20여 년이 지난 지금 '펀경영'을 논하는 기업은 많지 않은 상황이다. 왜 유행처럼 불타올랐다가 지금은 사라져버렸을까.

사우스웨스트항공은 재미있는 회사 분위기를 갖고 있었다. 이것은 허브 켈러허Herb Kelleher라는 유머가 넘치는 창업자의 재치와 위트가 일상 경영과 업무에 가미되었던 것이 분명하다. 그러나 그에 더해서 빠른 의사결정과 실행 그리고 저비용 효율화 등 파격적인 경영관리 능력이 뒷받침되었다. 무엇보다도 자동차 여행비용으로 친절한 서비스의 비행기 여행을 즐길 수 있다는 상품력에 가장 큰 성공의 비결이 있었다. 그러나 다른 회사들은 자신들이 처해 있는 사업적 환경과 특성을 고려하지 않고, 사우스웨스트항공의 '재미'라는 요소만을 부각시켜 베끼려고 했다. 이러한 시도들은 각자의 사업 전략이나 환경과 맞지 않아 효과가 없거나 오히려 악영향을 끼치는 경우가 발생했다.

당시 국내에도 '펀경영'의 일환으로 'GWPgreat work place(모든 종업원이 자신의 상사와 경영진을 신뢰하고, 자신이 맡은 업무에 자부심을 가지며, 함께 일하는 동료 간에 즐겁게 일할 수 있는 가장 훌륭한 일터) 만들기'가 한창 유행했었다. 너도나도 사내에서 이런저런 재미있는 활동을 하면서 높은 GWP 지수의 회사로 평가받기를 원했다. 많은 회사들이 부서별로 호프데이hope day나 등산을 하러 갔다. 윗사람을 따라 술 마시고 산에 올라갔다. 그런 노력을 기울이자 오히려 직원들의 만족도는 더 떨어졌다. 일부 실제로 GWP 점수가 올라갔던 회사의 직원들도 고개를 갸우뚱했다. '과연 진짜 조직문화가 좋아진 걸까?', '재미가 성과와 일에 진짜 직접적인 관계가 있을까?' 의문이었다. 재미있는 활동들로 조직문화가 좋아질 수 있다고 생각하는 사람은 그리 많지 않았다.

2018년도에 대한상공회의소와 맥킨지가 조직문화 보고서를 발표했다. 대기업 직장인 2,000여 명을 대상으로 실제 기업문화 개선 활동에 대한 효과에 관해 묻자 "일부 변화는 있으나 개선된 것으로 볼 수 없다."는 답변이 59.8퍼센트, "이벤트성으로 전혀 효과가 없다."는 답이 28.0퍼센트로 전체의 87.8퍼센트가 부정적인 답변을 했다. 조직의 건강을 해치는 3대 주범으로는 '비과학적 업무 프로세스', '비합리적 성과평가', '리더십 역량 부족'으로 답변했다. 리더들을 '청바지 입은 꼰대'라고 표현했다. 겉모습만 무작정 따라 하기 벤치마킹이라는 것이다. 각자의 상황과 현실에 맞지 않는 조직문화 활동들이 낳은 결과물들이다.

그러나 여전히 기업에서는 벤치마킹 중이다. 벤치마킹은 일류 회사의 모범 사례를 분석하거나, 경쟁회사의 동향을 파악하는 방법으로 많이 활용된다. 분명히 참고할 만한 정보로서는 의미가 있다. 그러나 많은 회사들은 자신의 특성과 개성을 고려하지 않은 채 그대로 따라 하거나 살짝만 바꿔서 실행하는 오류를 범하고 있다.

이렇듯 많은 회사들의 **벤치마킹은 세대라든지 트렌드라든지 하는 특성 포인트만 강조되는 한계를 가지고 있다.** 어느 한 포인트를 따라 한다고 좋아질 순 없는데도 말이다. 그 방법이 나와 맞는지 안 맞는지 알아야 한다. 그러므로 벤치마킹 이전에 먼저 해야 할 일은 자신의 조직과 상황에 대한 파악이다. 아주 먼 옛날 그리스의 소크라테스도 말했다.

"너 자신을 알라!"

그런데도 일반화의 오류에 빠져 있는 회사의 리더들은 여전히 묻고 있다.

"경쟁사는 어떻게 한데?", "다른 계열사는 뭐래?", "XX전자는 심리센터를 운영한다던데?"

남을 의식하는 마음과 자신에 대한 불확신이 느껴진다. 정작 우리의 문제점은 무엇이고, 우리는 어떤 회사인지 제대로 알고 있지 못하는 사람들이 항상 묻는 질문들이다. 존재감 없는 군계일학群鷄一鶴의 '계'(닭)를 자처하는 순간이다. 이러한 사람은 리더가 되면 절대 안 된다. 그냥 팔로어가 더 어울린다. 평생 남의 것만 기웃거리다가 부러워하며 생을 마감할 가능성이 높은 사람들이다. 자기 개인은 그렇게 해도 상관없다. 하지만 리더는 안 된다. 소중한 다른 많은 사람들의 삶도 자신의 것처럼 그렇게 눈치 보며 살게 만들면 안 된다. **벤치마킹에 빠진 따라쟁이는 절대 리더가 되어서는 안 된다.**

조직도 맞춤옷이 필요하다

———

패션회사의 디자이너들은 자신들이 만든 시판용 기성복을 잘 입지 않는다. 그것은 고객을 위해 만든 상품이고, 자신들의 옷은 따로 직접 만들어 입거나 자신에게 맞는 다른 브랜드의 옷을 입는다. 그렇게 자신의 개성을 따로 표출한다. 일반인들은 그것을 보고 또 따라 한다. 일반인들은 유행의 끝자락에서 자신의 돈을 소비하며 따라갈 뿐, 디자이너의 멋과 유행에 가까이 다가갈 수 없다. 패션에 있어서 주체적 삶은 살기 어렵다. 평생 유행만 기웃거리다가 생을 마감한다. 옷차림에만 이런 현상이 발생하면 그나마 다행이다.

이런 '따라쟁이 근성'은 자신의 삶 모든 곳에서 나타난다. 이것이 기성품의 문제점이다. 그래서 멋을 아는 사람은 맞춤을 선호한다. 돈이 좀 들어가더라도 자신의 개성과 몸에 딱 맞는 옷을 좋아한다. 일단 몸의 치수를 재고, 몸무게의 변화와 하는 일, 평상시 생활 방식 등 자신의 많은 것을 고려한다. 여러 가지 제안을 받고 좋아하는 디자인과 원단을 고른다. 그런 다음 차분히 전문가의 손에 자신만의 옷을 맡긴다.

우리의 소중한 조직에게도 맞춤이 필요하다. 조직도 자기 자신을 알게 되면 멋쟁이가 될 수 있다. 조직에 꼭 맞고 어울리는 옷을 입혀야 한다. 조직의 개성을 발휘할 수 있는 자신의 멋을 가질 수 있도록 해야 한다.

현재의 조직 구조와 프로세스, 실적, 경쟁 환경, 조직 분위기 등 다양한 관점으로 조직의 치수를 재야 한다. 장단점을 도출하고 장점을 더 키울 건지, 단점을 보완할 건지, 이것저것 고민해봐야 한다. 이것이 맞춤이다. 그런데 주위엔 온통 벤치마킹 기성품들이다. 모방은 잘해야 본전이다. 대부분 본전도 뽑기 어렵다.

다양성과 개성이 중요한 시대다. 세상은 복잡해지고 이러한 세상에서 꿋꿋이 살아남기 위해선 자신만의 독특한 개성과 창조성이 표출되어야 한다. **경쟁사나 우수 사례에 초점을 맞추기보단 자신의 회사와 고객에게 초점을 맞추는 것이 우선되어야 한다.** 벤치마킹을 무조건 반대하는 것이 아니다. 우선 자신들의 상황과 문제점을 먼저 고려한 상태에서 타 사례를 참고하는 것이 바람직하다. 무모한 따라쟁이가 되지 말고, 개성 넘치는 멋쟁이가 되어야 한다. 우리는 모두 소중하니까.

우리 모두의 시공간은 다르다. 우리가 어디에 있는지, 얼마나 빨리 움직이는지에 따라 모든 게 달라진다. 그리고 또 모든 것들은 다른 것들에 영향을 주며 연결되어 있다. 서로의 연결과 상호 영향에 대해서는 이후 양자역학量子力學, quantum mechanics에서 더 자세히 다루도록 하자.

유능한 리더의 시간은
다르게 흐른다
시간의 상대성

시간의 상대성이란?

빛의 속도(광속)라는 특수한 상황에서뿐만 아니라 우리의 일상에서도 시간이 다르게 흐르는 것처럼 느끼는 경우를 경험할 수 있다. 물론 심리적인 영향도 있겠지만 어쨌든 시간은 사람마다 모두 다르고 실제로도 차이가 있다. 빨리 어른이 되고 싶은 어린 시절이나 제대 날짜를 손꼽아 기다리는 군대에서는 시간이 아주 느리게 간다. 반대로 바쁘게 정신없이 사는 사람들이나 살날이 얼마 남지 않은 사람들에게 시간은 아주 빠르게 흐른다.

● 시간의 상대성

구분		시간은	
		느리다	빠르다
속도가	빠르면	○	
	느리면		○
나이가	적으면	○	
	많으면		○
일이	적으면	○	
	많으면		○
기다림이	크면	○	
	작으면		○

 이렇게 시간이 다르게 흐르는 것은 능력과도 관계가 있다. 극강의 능력을 갖고 있는 전문가가 고도의 집중력을 발휘하는 순간, 시간은 거의 멈추는 것과 같이 느리게 흐른다고 한다. 죽기 직전에도 이러한 현상을 느낀다고 알려져 있다.

 뛰어난 프로야구 선수가 컨디션이 엄청나게 좋을 때 타석에 들어서면, 투수가 시속 140킬로미터가 넘는 공을 던져도 눈앞에서 공의 실밥이 보일 정도로 시간이 느려지고 정확히 배트에 맞춰 홈런을 칠 수 있다고 한다. 운동선수들이 결정적인 순간에 경험하는 시간은 보통 사람들이 경험하는 시간과 다르다. 뛰어난 감각과 신체적 조건 그리고 엄청난 집중력의 순간에는 보통 사람들이 느끼는 시간보다 훨씬 느리게 간다.

 공부나 일에서도 마찬가지다. 공부나 일을 뛰어나게 잘하는 사람은 엄청난 집중력으로 인해 상대적으로 못하는 사람들의 시간 보다 느리게 간다. 시험 날이나 마감일이 느리게 다가온다. 못하는 사람들보다 시간이 많아진다. 잘하는 사람과 못하는 사람의 차이 는 더욱 커지게 된다.

판단력이 뛰어난 리더의 시간은 느리게 간다

엄청나게 판단력이 좋은 리더의 시간도 상대적으로 느리게 간다. 중요한 판단의 순간에 보통 사람들보다 시간이 느리게 간다. 그래 서 보통 사람들보다 훨씬 더 다양한 것을 고려하고 최적의 판단 결과를 만들어낸다. 그야말로 슈퍼히어로가 되는 것이다. 자신이 갈고 닦았던 경험과 비법들이 그리고 엄청난 집중력이 순간적으 로 시간을 느리게 만든다. 한순간 직관적으로 혹은 감으로 판단한 것처럼 느껴지는데 사실 그렇지 않다. **뛰어난 리더의 판단 시간은 느리게 흐른다. 어떠한 순간에도 당황하지 않는다. 모두를 위한 최 적의 의사결정을 내릴 수 있도록 자신의 경험치와 능력을 최대로 끌 어올려 최고의 판단을 내린다.**

B사의 경영진들이 대회의실에 모두 모였다. 징계위원회가 열 렸다. 분위기가 엄중함을 넘어 침통하기까지 했다. 회사 설립 5년 차, 이제 겨우 손익분기점을 달성하고 흑자 선순환에 들어서는 매

우 중요한 시기에 터진 사건이었다. 한 팀장이 자신의 권력을 이용하여 팀원을 괴롭히고 성희롱한 사건이었다. 그런데 이 팀장은 회사의 매출을 이끌고 있는 영업 1등 공신이었다. 모든 징계위원들이 돌아가면서 자신의 의견을 얘기했지만, 모두 굉장히 모호하게 대답했다. 적당히 넘어가자는 분위기가 우세했다. 하지만 당시 상황은 비도덕적 행위에 대한 처벌도 중요했고, 매출에 대한 영향을 최소화하는 것도 중요했다. 한창 영업 활동이 불타오르고 있는 상황에 찬물을 끼얹을 수 있는 상황이었기 때문에 모두 난감해했다. 둘 다 버릴 수 없는 중요한 문제였다.

위원장이었던 사장은 모든 내용을 듣고는 10분이 채 되지 않아 생각을 정리하고 입을 열었다.

"이 팀장은 우리에게 너무나 중요했던 직원입니다. 하지만 이제는 중요하지 않습니다. 절대 하지 말아야 할 행동을 했기 때문입니다. 안 좋은 것으로 만든 음식은 결국 몸에 해롭습니다. 매출도 마찬가지입니다. 아무리 영업 실적이 좋더라도 직원을 괴롭혀서 번 돈은 회사에 좋지 않습니다. 괴롭힘은 그냥 놔두면 암덩어리처럼 커집니다. 우리는 하루 이틀 사업할 거 아닙니다. 빨리 제거해야 합니다. 그리고 법도 지켜야 합니다. 권력을 이용한 성 문제와 괴롭힘은 무관용이 원칙입니다. 다시는 우리 회사에서 이런 일이 벌어지면 절대 안 됩니다."

징계 결과는 최고 중징계였다. 피해자들이 공식적으로 피해 사실이 알려지는 것을 원치 않았고 본인도 과오를 인정했기 때문에 그는 조용히 회사를 떠났다. 이 사건은 신고된 지 3일 만에 처리되었다. 사장의 판단과 결정은 아주 빠르게 일어난 것처럼 보였다. 하지만 그의 머릿속에서 흐른 고민의 시간은 굉장히 느리게 흘렀다. '만일 강하게 조치하지 않으면 어떻게 될까?', '강하게 조치하면 단기 매출 타격은 얼마나 될까?' 여러 가지 생각들이 스쳐갔고, 고민에 고민을 했다.

보통 때 겪는 시간과는 다르게 흘렀다. 능력자들은 결정을 빠르게 한 것이 아니다. 모든 경험과 노하우가 천천히 흐르는 능력자들의 시간 속에서 충분히 발휘되어 최고의 퍼포먼스를 만들어낸 것이다.

괴롭힘에 성희롱까지 했으니 중징계는 당연한 결정이라고 생각하는 사람도 있을 것이다. 그러나 10여 년 전만 해도 이러한 결정과 조치를 신속하게 시행하는 회사는 그리 많지 않았다. 그리고 단기적인 매출을 포기하면서 정의나 공정을 선택하는 리더는 우리의 희망처럼 세상에 그렇게 많지는 않다. 아쉽게도 그 반대의 경우가 더 많다. 어쨌든 시간이 느리게 간다는 것은 축복이다. 정말 훌륭하고 능력 있는 리더에게 주어지는 특권이다.

상대성이론은 우리에게 같은 상황이나 운동에 따라 다른 시공간을 갖게 된다는 것을 가르쳐주고 있다. 사람과 사람, 조직과 조직, 회사와 근로자…. 모든 주체는 다른 시공간을 가지며 다르게

인식한다. 우리는 다름을 인정하고 다름의 자연스러움에 익숙해
져야 한다. 바로 앞에 앉아 있는 사람의 시간이 나와 같을 것이라
고 절대 생각하면 안 된다.

4

참 리더는 조직의
에너지 연쇄반응을 일으킨다
질량-에너지 공식

아주 작은 질량도 연쇄반응을 일으키면
큰 에너지를 낼 수 있다

우리는 특수상대성이론에 의해 속도가 빠르면 시간이 느려진다는 것을 알게 되었다. 물리학자들은 속도를 빠르게 하면 시간이 얼마나 느려지는지 궁금했다. 그래서 '시간의 함수'라는 아주 어려운 공식을 통해 물체의 속도를 검증해보았다.

이 시간의 함수에서 로런츠 인자Lorentz factor(γ)의 함수로 유도된다. 너무 어렵기 때문에 이 책에 공식의 유도는 생략한다. 여기

- **로런츠 인자는 광속이 우주 한계 속도임을 나타낸다**

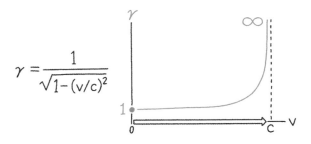

속력(v)에 광속(c)을 넣으면 분모 루트 안의 값이 1−1=0이 되어 분모가 0인 분수, 즉 로런츠 인자(r)는 무한대가 된다.

에 물체의 속력(v)이 광속이 되면 분모 전체가 0이 되어 함수 자체가 성립되지 않게 된다. 그러므로 속도가 광속이 되는 것은 이 식으로는 불가능하다. 이것은 그런 물체는 우주에 존재하지 않는다는 것을 의미한다. 그래서 광속을 '우주 한계 속도'라고 한다. 위의 함수는 참고만 하길 바란다. 유도와 증명하는 것은 우리에겐 쉽지 않은 일이고, 당장 멀미가 날 수 있다.

우주에서 가장 빠른 것은 빛이고, 빛의 속도는 항상 변하지 않는 상수라는 것 그리고 어떤 만물도 빛의 속도에 다다를 수 없다는 특수상대성이론은 실제 실험으로도 밝혀졌다.

입자 가속기(전자나 양성자와 같이 전기를 띤 입자나 원자·분자 이온을 가속시켜 큰 운동 에너지를 갖도록 하는 장치) 실험에서 자기장 에너지를 투입해 입자의 속도를 계속 높이는 실험을 해보았다. 아무리 에너지를 높여서 입자의 속도를 가속시켰지만 입자는 빛의

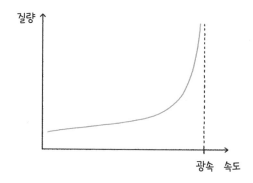

질량이 계속 늘어나도 광속에 도달할 수 없고, 그 질량 증가는 폭발적인 에너지가 될 수 있다.

속도에 도달하지 못했으며 대신 입자의 질량이 기하급수적으로 증가하는 것을 관측할 수 있었다.

빛의 속도가 되려면 무한대의 질량을 가속시켜야 한다는 것을 이 실험으로 확인할 수 있었다. 결국 무한대의 질량을 가속시킬 수는 없기 때문에, 우리는 빛의 속도를 만들어낼 수 없는 것이다.

질량은 계속 늘어나는데 속도가 광속 근처로 갈수록 더 증가시킬 수 없다. 그렇다면 증가된 질량은 어디로 가게 되는 걸까? 아인슈타인은 입자에 에너지를 공급시켜 속도를 증가시키는 현상을 시간의 함수로 풀어내는 작업을 했다. 아주 복잡한 수학적 변환을 거쳤기 때문에 이 공식에 대한 증명도 우리들의 정신건강을 위해 생략하도록 하겠다. 암튼 그렇게 탄생한 식이 바로 다음의 '질량-에너지 공식'이다.

$$E = m \cdot c^2$$

이 유명한 식에 의해 문명이 바뀌었다. 이 식을 아주 간단히 해석해보면, 아주 작은 질량(m)이 광속(c)의 제곱 배만큼 큰 에너지(E)를 발생시킬 수 있다는 것을 의미한다. '원자력 공식'이다.

이 식이 나올 당시 세계 전쟁을 치르고 있었던 인류는 아주 위험하고도 잔인한 생각을 하게 된다. 이 아름다운 식에서 힌트를 얻어 인류는 원자폭탄과 핵폭탄을 만들었다. 세계대전 이후 핵폭탄을 사용하지는 않았지만 아직까지도 일부 국가는 핵실험을 하고, 핵무기를 이용해 협박과 공갈을 치고 있다.

물론 좋은 것에도 이 식의 원리는 적용되고 있다. 원자력발전소도 만들었고, 태양이 자신의 질량을 아주 소량씩 소진하여 어마어마한 에너지로 분출하고 계속해서 활활 타오를 수 있다는 것도 알게 되었다.

그런데 질량이 에너지가 되기 위해서는 '반응'을 시작해야 한다. 원자력의 원리는 플루토늄이나 우라늄과 같은 무거운 원자의 핵에 중성자를 흡수시킨다. 이때 원자핵은 소량의 질량을 잃으면서 핵분열을 한다. 이때 또 발생한 중성자가 다른 원자핵에 흡수된다. 연쇄반응으로 엄청난 에너지가 열로 발생한다. 그리고 또 발생한 중성자가 다른 원자에 흡수되면서 연쇄반응을 일으킨다.

- **원자력 반응**

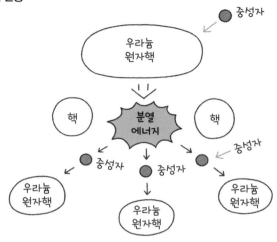

잘되는 조직은 에너지의 연쇄반응을 일으킨다

자, 이제 조직 관점으로 이 개념을 바라보자. 조직의 구성원 한 명 한 명은 원자핵과 같다. 리더는 그들에게 중성자를 흡수시킨다. 그들은 핵분열하며 에너지를 분출한다. 그리고 또 다른 구성원에게 중성자를 전달하며 반응시킨다. 조직이 만들어낼 수 있는 에너지는 우리가 상상할 수 없는 수준이다. 리더가 구성원에게 얼마나 중성자를 잘 흡수시키는지에 달려 있다.

리더의 중성자는 다양한 방식이 될 수 있다. 지시, 칭찬, 영감, 솔선수범, 지적, 공감 등 조직 구성원의 생각과 마음속에 흡수될 수 있는 것이면 어떤 것이든 중성자가 될 수 있다. 그들의 마음이 동요하고 움직이는 것이 조직 핵반응의 시작이다. 그들은 중성자를 흡수함으로써 리더를 인정하게 되고, 최고조에 다다르면 리더에 대해 존경하게 되면서 자신도 중성자를 방출하기 시작한다. 그 중성자들로 인해 다른 구성원들은 연쇄반응을 일으키며, 모두가 엄청난 에너지를 발생시키고 그것을 느끼게 된다.

잘되는 조직은 분위기부터 다르다. 어마어마한 에너지가 느껴진다. 하나의 원자인 직원 한 명이 반응하여 천천히 차례대로 연쇄반응을 일으킬 수도 있고, 조직 전체가 순식간에 폭발적인 반응을 할 수도 있다. 어떠한 반응 속도든 조직은 에너지를 항상 품고 있고, 구성원 한 명이 낼 수 있는 에너지는 어마어마하다. CHAPTER 2에서 일과 에너지 순환구조에 대해 설명했는데, 그 에너지 순환의 중심에서는 사람이 있었다. 사람이란 연약한 동물이 발생시킬 수 있는 에너지는 우리가 생각하는 크기 그 이상이다. 한 인간의 창조적인 아이디어(m)가 엄청난 세상의 가치(E)를 만들어 낼 수 있다는 것을 우리는 'E=m·c²'이라는 식으로 알 수 있다.

그러므로 리더는 한 명, 한 명의 구성원을 잘 관찰하고 그들의 아주 작은 생각과 행동 속에 숨어 있는 엄청난 에너지를 발견하고 끌어내야 한다. 그러려면 리더는 그 구성원에게 중성자를 끊임없이 흡수시켜야 한다. 중성자를 잘 흡수시키는 리더와 원자량이 큰 구성원으로 구성된 조직의 에너지는 정말 우리가 상상할 수 없을 정도로 크며, 전 세계가 벌벌 떠는 핵폭탄에 비할 바가 아닐 것이다.

역사상 가장 창조적인 핵분열 반응
: 로렌초와 미켈란젤로의 만남

역사상 인간의 능력을 가장 많이 이끌어낸 시기가 르네상스다. 이탈리아 메디치가의 3대 통치자 위대한 로렌초 데 메디치 Lorenzo dé Medici. 그는 공원에서 파우누스 Faunus (목축의 신)의 얼굴을 조각하고 있는 어린 미켈란젤로 부오나로티 Michelangelo Buonarroti를 만나게 된다. 파우누스는 노인이었다. 로렌초는 미켈란젤로에게 노인의 치아치곤 너무 가지런하다는 가벼운 평을 해주었다. 다음 날 로렌초는 미켈란젤로가 조각한 파우누스를 보고 깜짝 놀랐다. 이빨이 빠져 쭈글쭈글해진 입을 가진 노인의 모습은 완벽 그 자체였다. 바로 로렌초는 불우한 환경에서 자라고 있던 미켈란젤로를 자신의 아들들과 같이 자신의 집에서 생활하고 작품활동을 할 수 있도록 후원을 해주었다.

미켈란젤로가 고대 그리스의 작품들을 감상하고 공부할 수 있도록 지원해주었고, 다양한 교육을 받게 해주어 건강한 아름다운 신체를 표현할 수 있는 능력을 키워주었다. 그는 신이 생명체를 창조했듯이 자신은 돌 속에 숨어 있는 아름다움을 찾아낸다고 믿

● 미켈란젤로의 작품들

왼쪽 위부터 시계방향으로 〈다비드〉, 〈피에타〉, 〈최후의 심판〉, 〈천지창조〉.

출처: 위키미디어 커먼스

었다. 그는 조각뿐만 아니라 회화에도 뛰어났다. 사람들이 한번 보면 머릿속에서 잘 지워지지 않는 강렬하고 인상 깊은 작품들을 남겼다. 〈다비드〉, 〈피에타〉, 〈최후의 심판〉, 〈천지창조〉. 이름만 들어도 바로 이미지가 떠오르는 작품들이다.

미켈란젤로의 천재성을 발견하고 이끌어준 로렌초. 로렌초는 어린 미켈란젤로에게 가벼운 중성자를 던졌다. 그 중성자를 흡수한 미켈란젤로는 핵분열 반응을 했다. 그 반응의 결과인 에너지를 느낀 로렌초는 다시 자신의 양자처럼 데리고 키우며 미켈란젤로가 더 많은 반응들을 할 수 있도록 이끌어주었다. 그리고 폭발적인 에너지는 위대한 작품들을 만들어냈다. 그가 만들어낸 작품들은 또 중성자가 되어 수많은 예술가들과 일반인들에게 흡수되고 있다. 계속해서 로렌초와 미켈란젤로의 핵분열은 다른 연쇄 핵분열을 일으키고 있다. 인류라는 가장 큰 조직의 핵분열 반응은 계속해서 진행 중이다.

5

유난히 사람을 끌어들이는 리더에겐 비밀이 있다
일반상대성이론

만유인력은 시공간의 휘어짐 때문에 생긴다

우리는 특수상대성이론으로 빛처럼 빠른 속도에서는 시간이 느려지고, 길이가 짧아진다는 것을 알게 되었다. 속도와 시간, 공간 사이의 관계에 대한 것이었다. 아인슈타인은 또 한 가지 기발한 생각을 해내는데, 그것은 관성력과 중력이 같을 수도 있지 않겠는가란 생각을 하게 된다. 이건 또 무슨 얘기일까?

관성력은 가속이 있는 곳에서 생기는데, 우리가 탄 로켓이 발사되면 계속해서 가속이 붙어 우리의 몸은 로켓이 발사되는 반대 방향으로 쏠리게 된다. 아인슈타인은 이 쏠림 현상이 지구의 중력으로 인해 우리의 몸이 지면 방향으로 당겨지는 것과 같을 수 있겠다는 생각을 하게 된다. 로켓이나 버스에서 느끼는 관성력과 사과가 땅으로 떨어지는 중력이 같은 것이라는 생각이다. 이것을 관성력과 중력의 '등가원리'principle of equivalence라고 하는데, 아인슈타인은 이것을 자신이 생각한 것 중 가장 기발한 아이디어라고 여겼다. 왜 이 생각이 기발한 것인지 더 자세히 알아보도록 하자.

아주 빠르게 위로 가속하는 로켓이 있다고 해보자. 로켓의 왼쪽 벽에서 오른쪽 벽으로 빛을 쏠 경우, 로켓이 매우 빠르게 위로 올라가니까 빛은 오른쪽 벽에 약간 아래쪽에 닿을 것이다. 빛이 왼쪽에서 오른쪽으로 간 경로를 그린다면 아래 그림의 붉은색 선처럼 곡선으로 휘는 것처럼 보일 것이다.

● 발사된 로켓에서의 빛과 지구 근처를 지나는 빛은 똑같이 휜다

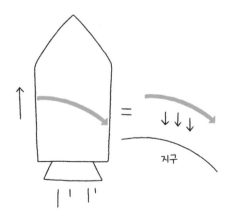

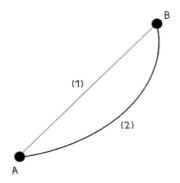

(1)은 직선의 빛, (2)는 휘어진 빛이며 선의 길이는 (1) < (2)이다.

아인슈타인은 지구의 중력도 로켓의 관성력과 같기 때문에 지구 근처를 지나가는 빛도 지구쪽으로 휘게 만들 수 있을 것이라고 생각했다. 그리고 중력도 힘이니까 'F=m·a'(뉴턴의 운동 제2법칙)에 의해 질량(m)이 크면 클수록 중력(F)도 커지고 빛도 더 많이 휘어질 것이라는 생각을 하게 되었다.

그런데 휘어진 빛은 직선보다 길이가 더 길다. 즉, 길이가 더 길면 같은 시간에 더 많은 거리를 가야 한다는 것이다.

그러나 빛의 속도는 항상 일정하므로 더 많은 길이를 가야 하는 빛(2)에서의 시간은 더 느리게 흘러야만 한다. 아인슈타인은 이렇게 중력이 큰 곳에서 시공간의 왜곡이 생기는 점에 주의를 기울였다. 중력은 물질이 끌어당기는 것이 아니라 물질의 질량에 의해 시공간의 왜곡(느리고 길게)이 생기고, 이 왜곡된 시공간에 의해

● **시공간의 휘어짐 현상 발생 원리**

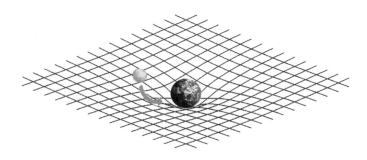

매트리스에 무거운 볼링공을 올리면 그 자리가 움푹 들어간다. 이때 구슬을 볼링공 쪽으로 굴리면 움푹 파인 공간으로 빨려들어가 볼링공 주위를 계속 돌다가 볼링공과 점점 가까워지다가 끝내는 부딪힌다. 이때 볼링공이 지구라면 구슬은 달이고, 볼링공이 태양이라면 구슬은 지구가 된다. 이처럼 행성이 공전하는 이유는 시공간의 휘어짐 때문이다.

출처: 위키미디어 커먼스

질량이 큰 쪽으로 휘어짐이 만들어진다고 생각했다. 질량이 큰 물체에 의해 왜곡된 시공간에서 질량이 작은 물체는 질량이 큰 물체 쪽으로 휘어지게 된다. 이것이 '일반상대성이론'theory of general relativity이다. 이로써 두 물체가 서로 끌어당긴다는 뉴턴의 만유인력의 법칙은 질량이 주변 시공간을 일그러뜨려 물체가 질량이 큰 물체 주위를 돌게 만든다는 아인슈타인의 일반상대성이론으로 대체되었다.

좀 더 쉽게 설명하면, 매트리스에 무거운 볼링공을 올리면 그 자리가 움푹 들어가는 것과 같다. 시공간은 매트리스고, 질량이 큰 별은 볼링공과 같다. 이때 구슬을 볼링공 쪽으로 굴리면 움푹 파인 공간으로 빨려들어가 볼링공 주위를 계속 돌다가 볼링공과 점점 가까워지다가 끝내는 부딪힌다. 이때 볼링공이 지구라면, 구슬

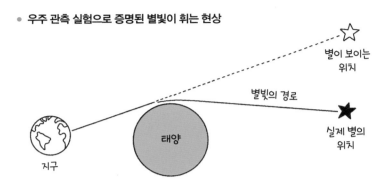

● 우주 관측 실험으로 증명된 별빛이 휘는 현상

별이 보이는 위치

별빛의 경로

실제 별의 위치

태양

지구

지구에서 태양 뒤편의 별빛은 태양에 가려 보이지 않아야 한다. 하지만 태양 주위에서 별빛이 휘어지는 바람에 지구에서도 별빛을 볼 수 있다. 이것은 태양의 큰 질량에 의해 태양 주변의 시공간이 찌그러져 빛이 휠 정도의 왜곡이 생겼기 때문이다.

출처: www.bbvaopenmind.com

은 달이다. 그리고 볼링공이 태양이라면 구슬은 지구가 된다. 행성이 공전하는 이유는 바로 이런 시공간의 휘어짐 때문이다. 이것이 중력이고 만유인력이다.

일반상대성이론은 한 영국 과학자의 우주 관측 실험에 의해 증명되었다. 지구에서 태양 뒤편의 별빛은 태양에 가려 보이지 않아야 하는데, 태양 주위에서 별빛이 휘어지는 바람에 지구에서도 볼 수 있다는 것이 증명되었다. 태양의 큰 질량에 의해 태양 주변의 시공간이 찌그러졌고, 빛이 휠 정도의 왜곡이 생겼던 것이다. 또한 그 왜곡에 의해 지구가 태양 주위를 돌고 있다. 그리고 지구의 질량에 의한 시공간 왜곡으로 달이 지구 주위를 돌고 있고, 질량이 매우 작은 인간은 지구에 딱 붙어서 살고 있다.

앞에서 이야기했던 뉴턴의 만유인력은 사실 질량을 갖는 물질 자체의 당김이 아닌 질량이 만드는 주변 시공간의 일그러짐으로 인해 끌림이 발생하는 것이었다.

현명한 리더는 조직의 주변을 변화시켜 '끌림'을 만든다

만유인력에서 말했듯이 리더의 끌림 또한 마찬가지다. 카리스마가 있는 리더는 억지로 물리적 힘을 가해 구성원들을 당기는 것이 아니다. **리더의 질량, 즉 리더의 존재감이 주변을 일그러뜨림으로써 구성원들의 생각과 행동이 자연스럽게 일그러진 굴곡을 통해 미끄럼틀을 내려오듯 이끌리는 것이다.** 이것은 리더의 매력, 능력, 인품, 카리스마 등 리더의 질량에 의해 굴곡이 일어난 것이다. 서로가 이끌리는 사랑의 힘이나 브랜드력과 같은 것들도 바로 이 일반상대성이론과 같다. 질량을 가진 물체들은 주변을 일그러뜨리고 그 매력체의 주위를 또 다른 질량을 가진 물체가 돌거나 서로에게 영향을 미치며 관계를 형성하게 되는 것이다.

진정한 리더는 억지로 사람들을 끌어당기려고 발버둥치지 않는다. 자신이 가지고 있는 그리고 할 수 있는 것에 집중할 뿐이다. 전혀 인위적이지 않다. 아주 자연스럽다. 우주의 원리로 행동하기 때문이다. 이러한 리더의 끌림은 형식이나 위계가 만드는 것이 아닌 진짜 리더의 질량 때문에 생긴다. 그래서 구성원들은 진심 혹은 자신도 모르게 리더가 만든 시공간에서, 리더 주위에서 열심히 운동하게 된다. 진정한 리더 자신도 구성원들과 함께 조화를 이루며 운동한다. 모든 행성의 움직임이 조화로운 것처럼 제대로 된 조직은 리더와 조직 구성원들이 모두 적절히 관계를 이루며 조화롭게 움직인다. 이것이 우주의 원리로 돌아가는 조직의 움직임이며, 물리학적 리딩이다.

우주의 원리를 거스르는 문제 있는 리더들은 폭력, 강압, 억압, 강제, 압력 등과 같은 방법을 쓴다. 직접적인 힘의 전달을 통해 자신의 권력과 통치를 확인하려 한다. 그러나 억지의 힘은 일반상대성이론에 의한 리딩이 아니기 때문에 오래갈 수가 없다. 자연스러운 행성들의 공전과 같은 팔로어십followership을 만들 수 없다. 언젠가는 힘을 잃고 주위 사람들까지 잃게 되거나 억지의 힘에 반항하는 불만과 분노의 힘이 생기게 된다. 조직은 더 이상 아름다운 운동을 할 수 없게 된다.

비상시나 아주 극한 상황에서는 아주 잠깐 직접적이고 강한 힘의 전달이 필요할 수도 있다. 하지만 그것이 절대 일상이 되면 안된다. 일상의 운동은 일반상대성이론에 의한 중력의 장 속에서 이루어져야 한다. 그래야 안정적이고 오랫동안 지속하는 운동이 될 수 있다.

그러나 아쉽게도 우리 주위엔 아직도 일상이 강압과 억압인 리더들이 존재한다. 이것은 자연의 원리에 맞지 않으므로 이러한 리딩 스타일은 빨리 사라져야 한다. 그리고 당장은 존재하더라도 언젠가는 교체된다. 불완전하고 불안전하기 때문이다. 강압과 억압 그리고 권력에 의한 통제와 전략을 강조하는 마키아벨리의 군주론도 일반상대성이론에 어긋난다. 자연의 법칙에 어긋나기 때문에 우리는 불편함을 느낀다. 그렇다고 부드러운 감성 리더십도 무엇을 이끈다는 리딩의 본질에서 벗어나 있기 때문에 우리를 지켜주는 리더의 질량이 될 수 없다.

너무 멀지도, 너무 가깝지도 않게

약한 건 불안하고, 강한 건 불편하다. 이러한 느낌이 왜 생기는지에 대한 이유를 일반상대성이론이 우리에게 말해주고 있다. 리더는 자신의 무게감과 매력으로 주변의 시공간을 강하게 일그러뜨린다. 강하게 끌리지만 불편하지 않다. 우리가 중력에 의해 당김을 받고 있음에도 불편함을 못 느끼는 것과 같다. 리더와 조직 구성원 사이에 관계의 적절성이 형성된다. 그리고 서로 자신의 위치에서 운동한다. 어떠한 불안과 불편함도 존재하지 않는다.

리더와 구성원들 사이가 너무 좁아도 불편한 관계가 된다. 측근이나 문고리 권력에 의한 권력 남용 같은 현상이 발생한다. 가까이 와서 부딪치지도 말아야 한다. 그렇다고 리더에게 너무 멀리 떨어져서 리더의 영향력에서 벗어나 있어도 안 된다. 진정한 리더는 주변 환경과 분위기를 적절하게 만들어 구성원들이 각자의 궤도에서 움직이며 자기 일에 몰입할 수 있게 해야 한다. 태양계의 행성들이 태양을 아름답게 공전하는 것처럼 말이다.

다시 한번 말하지만 끌림은 서로가 당기는 힘이 아니다. 리더의 질량이 만드는 시공간에서 자신도 모르게 자연스러운 운동을 하는 것이었다. 일부러 밀거나 당기지 않는다. 이 자연스러움은 위대하고 아름답다.

태양에서의 시간과 지구에서의 시간이 다르다. 태양의 질량이 훨씬 크기 때문에 지구에서의 시간보다 훨씬 느리다. 시간의 차이는 아주 작은 차이에서도 일어난다. 사실 인류는 한 시간 단위로 시간대를 인위적으로 나누어놨다. 하지만 엄밀히 따지면 시청역 1번 출구와 2번 출구의 시간은 다르다. 태양의 위치가 미세하게 차이가 나기 때문이다. 이처럼 중력의 미세한 차이에도 시간이 다르기 때문에 서서 시계를 볼 때와 앉아서 시계를 볼 때의 시간도 다르다.

특수상대성이론에서 리더의 시간이 느리게 가는 것을 이야기했는데 그 이유를 일반상대성이론으로도 설명할 수 있다. 질량이 큰 태양의 시간이 느린 것처럼 뛰어난 능력을 가지고 있는 사람들의 결정적인 순간의 시간이 느리게 가는 것도 질량이 높기 때문이라고 볼 수 있다. 위대한 질량을 가지고 있는 리더의 시간은 느리게 흐른다. 리더의 위대함은 질량이고, 질량은 에너지이고, 에너지는 시간을 느리게 한다.

리더는 구성원들을 억지로 이끄는 것도 아니고 그렇다고 아무렇게나 방치하는 것도 아니다. **리더는 그들과의 서로 다름을 인정하면서도(특수상대성이론) 적절한 거리를 두고 공전과 자전(일)을 할 수 있도록(일반상대성이론) 하는 사람이다. 우주의 자연 원리로 리딩하는 사람, 이게 진정한 리더다.**

아인슈타인의 상대성이론은 뉴턴의 물리학을 뛰어넘었을 뿐만 아니라, 강한 리더를 주창한 마키아벨리의 군주론이나 감성 리더십을 주장하는 수많은 현대 리더십들까지 모두 종식시켰다고 생각한다. 아인슈타인은 진정한 인류의 구원자다.

6

왜 다름을 받아들이고
함께 가야 할까?
상대성 너머의 것

우리는 모두 다르다

상대적이라서 모두 다르다고 아인슈타인은 말했다. 그런데 아직
까지도 아인슈타인을 믿지 않는 사람들이 많다. 아인슈타인이 천
재라는 것은 알고 있으면서, 왜 천재인지는 잘 모른다. 그냥 쉽게
들 말한다. "노벨상을 탔으니까?", "뭘 발명했겠지."

상대성이 무엇인지 아는 사람은 많지 않다. 관찰자에 따라 빛의
속도를 제외한 모든 것은 다 다르다는 것을 아는 사람은 더 적다.
이제 우리는 상대성이론을 이해하는 극소수의 위대한 부류가 되

었다. 그리고 뉴턴이 아닌 아인슈타인을 신뢰하는 사람이 되었다. 그러므로 이제 여러분은 이렇게 말하면 안 된다.

"우리 팀장은 왜 저러는지 모르겠어요.", "우리 팀원들은 아무 생각이 없는 거 같아."

똑같은 물체라도 어디에 있는지, 얼마나 빨리 움직이는지, 옆에 무엇이 있는지에 따라 시공간이 달라진다. 시공간이 달라지니 물체 자체도 달라진다. 빨리 혹은 천천히 늦게 되며, 크기도 늘거나 줄어든다. 모든 것은 다르다. 우리는 모두 다르다.

그런데 이렇게 다른 사람들이 모두 연결되어 있다. 그리고 서로에게 영향을 주고 또 영향을 받으며 살아간다. 같은 것 같으면서도 다른 우리는 당연히 헷갈린다. 참을성 없는 사람들은 이런 다름을 이해할 수 없다며 불평불만을 갖는다. 그러나 다름을 인정하지 않는 불평은 자신의 무지를 인정하는 말이며, 아인슈타인과 그가 우리에게 선물한 위대한 진리를 거부하는 것이다.

조직이 크거나, 변화가 크면 클수록 이러한 서로 다름의 차이는 더욱 커진다. 그래서 리더에겐 구성원들 간 차이에 대한 이해와 조율이 필수적이다. 구성원 개개인의 시공간을 통일할 수는 없다. 개개인의 좌표 그 자체는 변경할 수 없다. 그러므로 각자가 조직의 방향, 리더가 선정한 방향에 따라 모두 다른 조준이 필요하다.

군대에서 모두가 자신의 총을 0점 조정한 결과가 다 다르듯, 구성원들은 각자의 시공간 안에서 방향을 조정해야 한다. 모두 같이 나아가야 할 한 방향과 하나의 목표에 대한 개개인의 좌표 계산이 필요하다. 리더는 제대로 된 하나의 목표(과녁)를 제공해야 한다. 그리고 구성원들이 다들 제대로 조준하고 있는지 개별적으로 확인하고 지도해주어야 한다.

만일 조직이 크다면 중간중간 훌륭한 측근, 중간관리자가 그 역할을 대신할 수 있도록 권한을 위임해야 한다. 이제 왜 우리는 비전과 미션을 공유해야 하며, 업무 프로세스를 정립하고 규정과 룰세팅을 해야 하는지 이해할 수 있게 되었다. 이성적인 방향 설정과 함께 다름에 대한 이타심, 배려가 있어야 한다는 것도 알게 되었다. 리더에겐 코칭, 이해, 배려 등 이성과 감성 모두가 필요하다. 그 이유는 바로 상대성 때문이다.

질량이 큰 리더는 사람과 일을 끌어당긴다

힘의 공식에서 질량은 조직이었다. 질량은 에너지다. 고로 조직은 에너지다. 조직의 질량이 커진다는 것은 좋은 조직, 강한 조직이 되는 것을 의미한다. 조직의 질량이 커지면 시공간을 일그러뜨려 주변의 모든 것을 끌어당긴다. 주변의 사람, 주변의 일 모두 끌어당긴다. 질량이 큰 리더도 사람과 일을 끌어당긴다. 좋은 사람과 좋은 일들이 모이면 다시 리더와 조직의 질량은 커지고 에너지도

202

커지게 된다. 더욱 강력한 에너지가 된다.

좋은 리더는 감성적이면서도 이성적이다. 이타적이면서도 이기적이다. 계속해서 자신과 자신의 조직을 위해서 다름을 받아들이고, 모두의 에너지(질량) 증가를 위해 자신의 에너지(질량)를 사용한다. 일부러 사용하는 것도 아니다. 감성, 이성, 이타, 이기 이런 것들을 따지지 않는다. 아주 자연스럽게 자연의 법칙을 따를 뿐이다.

'다름'을 받아들이고 '조율'하라

C사의 인사팀장이 있었다. 일반적으로 사람들은 자신과 비슷한 생각을 하거나 취향이 맞는 상대를 좋아하는데, 그는 항상 자신의 팀원으로 자기와는 다른 스타일의 사람을 원했다. 완전히 자신과는 다른 부류 사람들의 성격이나 행동에 관심이 많았다. 그는 자신이 잘하는 것은 자신이 하면 되고, 자신이 못하는 것에 대해 커버해줄 팀원들이 있어 주길 바랐다.

그는 자신이 축구팀 감독과 같다고 한다. 자신에게는 공격수도 필요하고, 수비수, 미드필더, 골키퍼도 필요하다고 했다. 그리고 자기는 감독과 코치 역할을 해야 한다고 말했다. 팀원들에게도 항상 다름에 대한 장점과 이해를 강조했다.

팀 내에서 팀원들끼리 서로 잘 맞지 않아 트러블이 있을 때는 먼저 서로의 다름 때문에 발생한 것은 아닌지 확인했다. 그러고는 상대 관점에서 그렇게 얘기하거나 행동하는 것에 대한 이유를 설명해주고, 그것들의 필요성을 설명해주었다. 그리고 실제 일하는 데 있어서 심각한 문제가 있는지 다시 한번 확인을 했다. 만일 서로의 다름에 의해서 업무 진행에 문제가 있다면 담당 업무를 바꿔주거나 서로 분리시켜서 각자 일에 집중할 수 있는 구조를 만들어주었다. 억지로 통합하려고 하지도 않았다. 각자 다름을 인정하고 포용할 수 있도록 다양한 방법으로 조율을 했다.

팀 외부적으로도 마찬가지였다. 사업부서와 첨예하게 부딪히는 사안이 발생했을 때, 서로의 입장이 다른 것은 자연스러운 것이라고 말하며 조율을 시작했다. 하나의 이슈에 대한 두 가지 대립되는 관점은 자연스러운 것임을 강조했다. 그러고는 관점과 차원을 한 단계 높이거나 완전히 다른 관점에서 사안을 해석하는 방법으로 타협점을 찾아나갔다.

예를 들어, 사업부서에서는 "일이 너무 많아서 야근이 많고 쉴 수가 없다."고 하고, 인사팀은 "근무시간이 너무 과도하게 많고, 야근 비용이나 특근 비용이 늘어난다."는 의견으로 대립했을 때가 있었다. 일은 있는데 일을 하라는 것인지, 하지 말라는 것인지 애매하게 대립적으로 부딪힌 것이다.

일단 팀장은 사업부서의 해당 일이 꼭 필요한 일인지 따져보았다. 그리고 그 일의 가치가 '회사의 비전과 미션에 보탬이 되는 일'

이라고 판단되는지를 검토했다. 그리고 그렇다고 판단이 되면 비용이 들더라도 사람을 더 늘리고 수당을 더 챙겨줘야 한다고 경영진을 설득했다. 만일 반드시 필요한 일이 아닐 경우, 사업부서를 설득해 일을 줄였다. 사업부서와 합의를 보지 못했을 경우, 해당 일과 회사의 현실을 정리하여 경영진에 보고하고 상황을 정리했다.

이렇게 C사의 인사팀장은 다름을 인정하고 회사가 추구하는 한 방향을 위해 입장을 조율했고, 각자의 입장과 상황을 고려해 일을 조정했다. 항상 사업부서의 노고와 전문성에 대한 진정성 있는 감사와 이해를 전달했고, 더불어 자신이 이끌고 있는 인사팀의 전문성과 기여에 대해서도 어필하며 서로에 대한 존중과 존경이 커갈 수 있도록 노력했다.

그는 종교가 없었음에도 항상 사랑이라는 테두리 안에서 다름에 대한 이해와 배려를 강조했다. 물론 그의 사랑은 감성적이기보다는 다분히 이성적 사랑에 가까웠다.

이해와 배려는 연민이나 베풂과는 반드시 달라야 한다고 강조했다. 동등한 위치와 입장에서 생각하고 판단하는 것이 이해와 배려이며 진정한 사랑이라고 생각했다. 동시대에 같은 문제를 푸는 우리 모두는 다르면서도 모두 하나라고 말했다. 다른 리더와는 다르게 어려운 문제나 아이러니한 이슈를 일부러 찾아다니는 것처럼 보이기도 했다. 모든 것이 경험과 도전이라며 진심으로 조율하고 조정하는 것을 즐기는 리더였다. "그 사람은 너무 이상해요.",

"저와는 너무 달라요."라고 얘기하는 팀원에게 그는 항상 미소를 지으며 이렇게 말했다. "과연 진짜 다를까?"

'다름'은 이제부터 이야기할 양자역학의 시작이다. 아인슈타인이 상대성이론으로 뉴턴과 우리의 고정관념을 깨뜨린 것은 아무것도 아니다. 양자역학은 우리의 머리를 통째로 잡고 흔들어대며 아직 몰라도 한참 모른다고 이야기할 것이다. 자 이제 진짜 세상, 이상한 세상에 대해 여행을 떠나보자.

세상은 절대적이지 않고 상대적으로 모두가 다른 상황에 있다.

#상대성이론

뛰어난 리더(인간)의 시간은 느리게 흐른다.

#특수상대성이론

구성원의 에너지는 핵분열의 에너지와 유사하다.

#E=m·c²

진정한 리더는 모든 것을 자신 주위로 운동하게 만든다.

#일반상대성이론

CHAPTER 4

양자역학

이중성을 이해하는 리더만이 살아남는다

우리는 아직
세상을 모른다
양자의 이중성

양자, 입자와 파동이란 '이중성'을 가졌다고?

20세기 초 과학자들은 전자와 같은 아주 작은 미립자의 상태를 직접 실험을 통해 확인할 수 있게 되었다. 그리고 모두 충격에 빠졌다. 당시 그들이 300년 동안 믿어왔던 뉴턴의 물리학은 미립자의 운동에는 맞지 않다는 것이 밝혀졌던 것이다. 미립자들의 미시세계에서는 우리에게 친숙한 자연 원리들은 더 이상 통하지 않았고, 실제로 순간 이동과 같은 초현실적인 현상들이 일어나고 있었다.

미시세계의 원자와 같은 작은 물질은 A에서 B로 이동할 때, 이동 경로를 알 수 없다. 그냥 말 그대로 A에서 뿅! 하고 사라졌다가 B에서 뿅! 하고 나타난다. 그런데 이 작은 입자들은 파동의 성질도 같이 갖고 있다. 입자가 파동이라는 전혀 다른 성질을 함께 가지고 있다는 것은 너무도 이상한 현상이다. 입자는 덩어리인데 만질 수 있는 실체가 사라지고 만질 수 없는 텔레파시나 소리 같은 파동의 특성을 보인다는 것은 말이 안 되는 일이었다. 그러나 이모든 현상은 실험으로 사실임이 밝혀졌다.

전 세계 물리학자들은 충격에 빠졌다. 원자의 세계를 기존에 알고 있었던 이론과 원리로는 절대 설명할 수 없다는 것을 깨달았기 때문이다. 원리와 실험 결과를 가장 중요시하는 그들은 이러한 현실을 받아들이기가 너무 힘들었다.

하지만 일부 깨어 있는 물리학자들은 이 불가사의한 현실을 받아들이고 불확실하다는 애매함이야말로 원자의 세계를 제대로 설명할 수 있는 본질이라는 주장을 하기 시작했다. 그리고 마침내 '불확실성'이라는 특징과 에너지를 갖고 있는 미립자라는 의미인 양자quantum라는 표현을 사용하게 되었다.

당시로선 너무나 새로운 세계였고, 거의 미치지 않으면 받아들이기 힘든 내용이었다. 양자물리학자들은 스스로 제정신이길 포기한 것이나 다름없었다. 이런 창의적 인식으로부터 양자역학이란 완전히 다른 세계관과 이론이 나왔고, 많은 물리학자들에 의해 아직도 양자와 관련된 미립자 세계는 계속 연구되고 있다.

리더는 눈에 보이는 세상만 봐서는 안 된다

이제서야 중학교 때 물상物象(그 시절에는 물리, 화학이 아니라 물상 과목이었다) 선생님이 원자의 구조를 쉽게 이해할 수 있게 만든 여러 가지 원자 모형 그림을 설명하면서 모든 그림이 다 맞지는 않다는 모호한 말씀을 하셨는지 이해했다. 당시 그런 애매한 설명을 듣고 있던 반에서 1등 하던 친구는 도저히 그냥 넘어갈 수 없었는지 도대체 뭐가 가장 정확한 그림이냐고 따지듯 질문했고, 순간 선생님은 난감한 표정을 지으셨다. 그때 그분은 아직은 신만이 정확한 원자 모형(원자의 구조를 쉽게 이해할 수 있도록 고안된 모형)을 알 수 있다는 종교적 답변으로 서둘러 수업을 마무리했다.

당시 난 기독교 신자였던 물상 선생님이 종교에 푹 빠져 있는 무책임한 교사라고 생각했다. 분명히 잘 모르고 있을 것이라며 선생님의 수준까지 의심했다. 하지만 선생님이 옳았다. 양자역학은 그 후 30여 년이 지난 현재까지도 미지의 학문이다. 당시 선생님은 우리들에게 정확히 설명해주지 못하는 것이 미안했을 것이다. 그래서 그렇게 얼버무린 후 신에게 마이크를 넘겼던 것이다.

우리는 초기 양자물리학자들처럼 창의적이진 못하더라도 적어도 이러한 양자의 세계를 거부하지는 말아야 한다. 모두 사실이기 때문에 이해하고 받아들여야 한다. 모든 만물은 원자로 이루어져 있는데 원자를 이해하지 못하고 살아가고 있다. 엔진을 모르고 자

- 원자 모형의 변화 과정

돌턴 ⇨ 톰슨 ⇨ 러더퍼드 ⇨ 보어 ⇨ 현재

1. 돌턴의 원자 모형: 단단하고 더 이상 쪼갤 수 없는 작은 '공 모양'이다.
2. 톰슨의 원자 모형: 원자핵의 개념이 없는 건포도가 든 '푸딩 모양'이다.
3. 러더퍼드의 원자 모형: 태양 주위를 돌고 있는 혹성과 같은 '전자 혹성 모형'이다.
4. 보어의 원자 모형: 전자는 원자핵 주위에서 '불연속적인 원궤도'를 그리면서 운동한다.
5. 현재의 원자 모형: 핵 주위의 전자를 확률분포에 따라 나타나게 하는 '전자구름 모형'이다.

출처: 에듀넷

동차 운전하는 것과 같다. 물론 운전면허만 있다면 엔진을 몰라도 운전은 할 수 있다. 하지만 내 차의 엔진을 안다면 얼마만큼 속도를 낼 수 있는지, 얼마만큼 힘을 낼 수 있는지 알 수 있다. 적어도 엔진 오일을 왜 갈아야 하는지는 알아야 한다.

특히 리더는 반드시 엔진을 알아야 한다. 혼자 타는 차를 모는 사람은 때에 맞춰 정기적으로 엔진 오일만 갈면 되지만, 많은 이들을 태우고 목적지까지 데려다주는 리더는 적어도 자신이 이끄는 차에 대해 잘 알아야 운행의 안정성과 효율을 높일 수 있다.

양자역학 자체가 아직 정립이 안 되어 있는데 이런 걸 알 필요 있냐며 부정적으로 생각하는 사람이라면 지금처럼 복잡한 현실 안에서 우리 모두를 이끌고 가야 하는 리더로서 자격이 없다. 우리가 알고 있던 것들은 고정관념과 편견이었다는 것을 깨닫고 진실을 받아들이는 것만으로도 양자역학을 알아야 하는 의미가 있다. 세계는 우리가 이해하기 힘든 양자역학으로 해석될 때 더 어울리는 경우가 생각보다 많기 때문이다. 자세히 보면 우리의 세계는 뉴턴 물리학보다 양자역학이 더 맞는 경우가 많다.

이쯤 되면 누가 미치고 누가 미치지 않았는지 마구 헷갈린다. 그러나 우리가 미쳤다고 생각하는 양자역학은 우리의 삶 속에 벌써 깊숙이 들어와 있다. 양자역학의 원리가 레이저, 핵발전, MRI(체내의 원자에 핵자기 공명을 일으켜 얻은 정보를 컴퓨터로 화상화하는 생체 검색법)를 비롯해 최근 양자컴퓨터quantum computer(양자역학의 원리에 따라 작동되는 미래형 첨단 컴퓨터. 양자역학의 특징을 살려 병렬처리가 가능해지면 기존의 방식으로 해결할 수 없었던 다양한 문제를 해결할 수 있다) 개발까지 많은 곳에 적용되고 있다. 리더는 눈에 보이는 세상만 봐서는 안 된다. 세상이 우리가 생각한 대로 돌아가지 않는다는 것을 반드시 빨리 인식해야 한다.

인간의 마음처럼 복잡한 세상, 리더에게는 양자역학이 필요하다

물건을 팔아본 적이 있는가? 백화점에 옷을 사러 온 고객은 맘에 드는 상품을 골라 자신의 몸에 가져다 대며 거울을 본다. 가격표도 보고 옷감의 감촉도 느껴보면서 계속 만지작거린다. 과연 이

고객은 그 옷을 살까? 사지 않을까?

백화점 판매 전문가들을 인터뷰한 적이 있다. 20년 동안 판매만 한 판매 매니저들도 고객이 살지 말지는 알 수 없다고 말한다. 전체적인 판매량, 즉 물건이 좋으면 잘 팔리고 안 좋으면 안 팔린다는 건 알 수 있다. 하지만 어떤 한 사람이 살지 안 살지는 정확히 예견하긴 힘들다고 한다. AI와 빅데이터 같은 기술이 더욱 발전해서 인간의 마음을 완벽히 예견하기까지는 아주 많은 시간이 필요할 것이다.

어떤 물체의 현재 위치와 속도를 알면 앞으로 변화될 위치와 속도를 예측할 수 있다는 것이 뉴턴의 고전역학이다. 고전역학으로는 백화점 고객의 다음 행동을 예측할 수 있어야 한다. 하지만 고객은 망설이고 있다. 이런 상황에서는 확률로 이야기하는 것이 더 자연스럽다. 사람의 심리와 습관 같은 것은 위치와 속도 같은 물리량으로 측정할 수 없기 때문에 확률을 제시하는 편이 결과를 예측하는데 더 정확한 방법이 된다. 인간과 사회의 특성 또한 자연 세계와 마찬가지로 뉴턴의 고전역학으로 해석되는 부분과 현대물리학의 양자역학으로 해석되어야 하는 부분으로 나눌 수 있다. 특히 인간의 마음은 이성과 합리 같은 것들 그 너머에 있다.

우리는 매사 이성적으로 생각하는 것처럼 느낀다. 하지만 감성, 본능, 무의식 등 비이성 세계도 분명히 존재한다. 또 그런 비이성적 세계가 얼마나 클지 현재 우리로서는 알 수가 없다. 그러므로 이러한 복잡한 세상 속에서 조직을 이끌어야 할 리더에게 양자역학은 반드시 필요하다.

백화점 고객은 옷을 샀을까 안 샀을까? 최종적으로 카드를 긁어야 알 수 있다. 뚜껑을 열어봐야 아는 것, 이것이 양자역학이다. 그 고객은 샀다가 나중에 다시 환불할 수도 있다. 그러므로 인간의 마음은 양자들보다 더 예측이 어렵다. 이런 세상에 살고 있는데 아직까지 뉴턴의 물리학 안에서만 살면 절대 안 되지 않겠는가.

백화점 고객이 최종적으로 구매하여 매출이 일어나면 백화점과 상품회사의 사람들은 판매 회의를 한다. 판매 결과에 대한 원인을 분석한다. 그 상품의 가격이 좋아서, 컬러가 좋아서, 날씨가 흐려서 (날씨가 좋으면 백화점 안 오고 놀러 가니까), 기분이 꿀꿀해서, 보너스를 받아서 등등 다양한 의견이 나온다. 하지만 그 고객의 진짜 마음을 설명하기엔 턱없이 부족하거나 틀릴 가능성이 더 크다. 이런저런 뉴턴 물리학 해석만으로는 부족하다. 그래서 우리는 양자역학을 알아야 한다. 특히 사람과 일을 관리하는 리더는 더욱 그렇다.

미처 몰랐던 아주 작은 세계에서 관찰되는 '물질의 이중성'

빛은 속도가 항상 일정하다는 것과 함께 또 다른 특별한 성질을 갖고 있다. 20세기 초 막스 플랑크Max Planck라는 독일의 이론물리학자에 의해 빛은 입자이자 파동이라는 이중적 특성을 보인다는 것을 알게 되었다.

입자와 파동이라는 것은 완전히 다른 성질이다. '입자'는 독립된 물체로 공과 같은 것으로 생각하면 되고, 공과 동일한 물리적 운동을 한다. 그에 비해 '파동'은 반대로 모든 게 실체라는 형태가 없이 연결되어 있어서 물결과 같이 출렁이면서 서로에게 영향을 미치고 주위로 퍼져나가는 성질을 말한다. 물결, 파도, 소리와 같은 것을 떠올리면 된다. 정리하면 빛은 공이면서 물결과 같다.

1924년 루이 드브로이Louis Victor de Broglie라는 프랑스의 이론물리학자는 빛이 입자와 파동의 이중성을 가지고 있는 것처럼 전자나 양성자 같은 소립자도 이중성을 띠지 않을까라는 생각을 했다. 이 생각이 물질의 이중성에 대한 연구로 이어졌고 양자역학의 탄생을 가능하게 했다.

'양자'란 에너지를 가진 가장 작은 단위를 뜻한다. 우리 인류는 아직도 이 양자에 대해 제대로 이해하지 못하고 있다. 왜 입자와 파동의 이중성을 동시에 가지고 있는지 모른다. 양자역학은 미완성의 학문이다.

1927년 미국의 실험물리학자 클린턴 데이비슨Clinton Davisson과 레스터 거머Lester Germer는 전자의 이중 슬릿 실험double-slit experiment으로 전자가 평상시에는 파동이지만, 관찰하려고 하면(전자를 촬

- **전자의 이중 슬릿 실험**

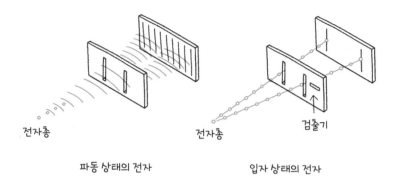

전자총

파동 상태의 전자

전자총

검출기

입자 상태의 전자

영하는 등) 입자가 된다는 사실을 알아냈다. 세로의 슬릿(긴 구멍) 두 개가 있는 벽에 전자총으로 전자를 쏘면 그 뒤편 벽에는 파동의 특성을 나타내는 여러 줄의 간섭무늬(빛의 간섭 현상으로 나타나는 동심원 모양으로 된 흑백의 줄무늬)가 생긴다(위 그림 왼쪽). 그러나 슬릿을 통과하는 전자를 관찰하기 위해서 검출기를 작동시키면 입자로 바뀌어 두 개의 줄무늬만 생긴다(위 그림 오른쪽). 이 실험으로 아주 작은 미시세계는 우리가 살고 있는 세계와 다르다는 것을 발견하게 되었다.

같은 시기, 덴마크의 천재 물리학자 닐스 보어Niels Bohr에 의해 양자역학은 큰 힘을 얻고 비약적으로 발전하게 된다. 보어는 당시 젊은 물리학자들을 연합하여 '코펜하겐 학파'copenhagen school를 만든다. 평면과 같은 2차원 세계에서는 동전이 양면인지 알 수 없다. 한 면만 보이기 때문이다. 그래서 땅에서 기어 다니는 개미는 땅에 떨어진 동전의 윗면만 알 수 있다. 뒷면은 어떻게 생겼는지 전혀 알 수 없다. 3차원이 되어야 앞뒤가 있다는 것을 알 수 있다.

코펜하겐 학파는 전자와 같은 미립자는 파동인 동시에 입자라는 이중성을 갖고 있고 이것을 '중첩 상태'라고 정의했다. 그리고 우리 인류가 인지할 수 있는 차원에서는 이러한 이중성의 중첩 상태를 알 수 없다고 설명했다. 개미가 땅 위의 동전 뒷면을 알 수 없는 것처럼 말이다. 그리고 그 중첩 상태의 결과는 확률로만 알 수 있으며, 이것은 미시세계에서 아주 당연한 현상이라는 결론을 내렸다.

또한 보어는 미립자의 입자 성질과 파동 성질은 '상보적'이라고 생각했다. **상보성**相補性**이란 서로 다른 두 성질이 모자람을 서로 보완해주는 성질을 말한다.** 미립자는 입자와 파동이 동시에 확인(관찰)될 수는 없지만, 반드시 같이 존재해야만 양자(에너지를 가진 단위체)로서 이상적인 상태가 된다고 생각했다.

'다름'이라는 것은 배타적인 게 아니고 서로가 필요한 상호 보완적인 상태가 될 수 있다는 것이었다. 다름은 처음엔 아주 대조적으로 느껴지지만, 해당 원자의 모든 정보를 정확하게 파악하려면 두 성질이 모두 다 있어야 하고, 그래야 완전한 양자가 된다는 주장이었다. 그 주장은 세상의 많은 다름들이 존재하는 이유를 설명해준다.

여자와 남자, 늙음과 젊음 같은 대립되는 두 가지 다름은 서로 반대의 다름이 존재하기 때문에 자기 자체의 특성이 더 뚜렷해지고 서로에게 의지하며 돕고 또 진화해나간다. 세상은 양자역학의 상보적 개념으로 이루어져 있다는 결론이었다.

하지만 당시 원로였던 아인슈타인은 이러한 결론을 아주 마음에 들어 하지 않았다. 양자역학은 인간들이 아직 정확한 원인을 모르는 것이지 확률과 같은 애매한 방식으로 결론을 내리는 것은 안 된다고 생각했다. 그래서 한 말이 그 유명한 "신은 주사위 놀이를 하지 않는다."였다.

그리고 또 한 명의 천재 물리학자 에르빈 슈뢰딩거Erwin Schröding-er도 코펜하겐 학파의 결론에 반대했다. '독극물이 든 상자 안에 있는 고양이가 죽었을까 살았을까.'라는 사고실험을 제안하면서 상자를 열기 전에는 누구도 고양이의 생사는 모르는 것이라며 코펜하겐 학파의 주장은 결과를 모르고 있는 것이라고 주장했다. 그러나 이 사고실험은 고양이가 죽었거나 살았을 확률이 50 대 50이라는 것을 말해주고 있었다. 슈뢰딩거의 의도와는 달리 이 실험은 양자역학의 이중성 중첩 상태를 너무도 잘 표현해주는 예시가 되어버렸고 양자역학의 트레이드마크인 '슈뢰딩거의 고양이'Schrödinger's cat로 유명해져버렸다.

이러한 물질의 이중성, 50 대 50 확률, 중첩, 상보성이란 개념은 동양의 태극太極과도 닮았다. 1937년 닐스 보어는 중국《주역》周易의 음양陰陽 사상과 태극(우주 만물의 근원인 음양이 완전히 결합된 상태)이 양자역학과 유사한 개념이라고 생각했다. 그래서 그는

독극물이 든 상자 안에 있는 고양이가 죽었는지 살았는지 고양이의 생사는 상자를 열기 전까지는 알 수 없으므로 생사의 확률이 50 대 50이라는 사고실험으로, 양자역학의 이중성 중첩 상태를 잘 표현한다.

덴마크 작위를 받을 때 가문의 문양으로 태극을 사용했다고 한다. 그러고 보면 슈뢰딩거의 고양이의 입 모양이 삶과 죽음의 경계에서 맴돌고 있는 상태는 태극의 소용돌이 물결 모양과 닮았다는 것을 알 수 있다.

이렇듯 물질의 이중성에 대한 실험은 100년 전에 이미 사실로 확인되었으나, 정확한 원인에 대해서는 아직도 모르는 상태다. 우리 인류는 아직도 물질의 기본인 원자를 정확히 이해하지 못하고 있다. 만물은 물, 흙, 공기, 불로 이루어졌다는 기원전의 4원소론보다는 진보했지만, 아직도 모르고 있다는 점에서는 마찬가지인 셈이다. 지금 이 시간에도 수많은 천재 물리학자들이 이 문제를 풀기 위해 열심히 연구 중이다.

- 닐스 보어의 가문 문양

슈뢰딩거의 고양이가 생사의 경계에서 맴돌고 있는 상태는 태극의 소용돌이 물결 모양과 닮았다.
출처: 위키미디어 커먼스

원자는 핵과 전자로 이루어져 있다. 원자는 양자역학에 의해 이중성을 띤다. 이 이중성은 관찰하려고 하면 입자가 되고, 관찰하지 않을 때는 파동이다. 이런 원자가 모여 세포가 된다. 이 세포들이 모여 인간이 된다. 그런데 세포와 인간은 원자보다 훨씬 커서 양자역학이 아닌 뉴턴 물리학을 적용한다. 세포와 인간은 원자로 되어 있는데 왜 다른 것일까? 왜 하나인데 서로 다르고, 또 다른 방법으로 해석해야 하는 것일까? 어디서부터 양자역학이고, 어디서부터 뉴턴 역학인가? 경계선은 어디인가? 왜 리더는 이러한 양자의 세계와 역학을 알아야 하는가? 자, 이제 천천히 그 이유를 알아보자.

이중성을 이해한 리더가
세상을 품는다
리더의 이중성

현실 세상 vs. 원자 세상

우리가 보고 느낄 수 있는 현실 세상은 뉴턴 물리학으로 설명이 가능하다. 그런데 그 세상은 원자로 이루어져 있다. 원자는 뉴턴 물리학으로는 설명할 수 없다. 원자 세상도 현실이긴 하지만, 우리가 보고 느낄 수 있는 것을 현실 세상이라고 해보자. 그러면 과연 현실 세상과 원자 세상을 구분 짓는 경계, 즉 양자역학이 적용되는 미시세계의 시작은 어디서부터일까?

2000년경 탄소 원자 60개가 오각형 모양으로 결속해 축구공 모

- **탄소 원자 60개로 구성된 분자 덩어리, 풀러렌**

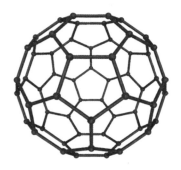

풀러렌 중 가장 흔한 분자는 화학식이 C_{60}이고 60개의 탄소가 축구공 모양을 하고 있다. 풀러렌을 통해서 원자보다 훨씬 큰 분자도 입자와 파동이란 이중성을 가질 수 있음을 알아냈다.

출처: 위키미디어 커먼스

양을 이룬 분자 덩어리인 '풀러렌'fullerene이 간섭무늬인 파동을 만들어낸다는 것을 발견했다. 즉, 원자보다 훨씬 큰 분자도 이중성(입자와 파동)을 가질 수 있다는 것을 알아낸 것이다. 계속해서 분자의 크기를 키워가며 파동성을 확인하는 실험을 진행한 결과, 현재는 바이오 고분자의 파동성까지 확인했다는 보고서가 나오고 있다.

현실 세상과 원자 세상이 구분되는 이유는 현실 세상에서처럼 질량이 아주 커지면서 보고 만질 수 있는 입자적 성질은 강해지고, 느낄 수 없는 파동적 성질이 줄어들기 때문이라고 보고 있다. 그래도 계속되는 기술 발전과 실험으로 두 세상의 경계선을 향해 점점 다가가고 있다. 만일 이 경계선을 찾는 순간 양자역학의 진실을 파악할 수 있을지도 모른다.

그러면 우리는 왜 이렇게 힘들게 양자역학의 진실을 알아내기 위해 노력해야 할까? 뉴턴 물리학만 알아도 사는데 지장이 하나도 없는 것 같은데 말이다. 하지만 만일 우리가 뉴턴 물리학만으로 살 수 있다면 우리에겐 리더 같은 사람도 필요 없다. 모든 세상일은 예측 가능하기 때문에 매뉴얼대로만 움직이면 되고, 그것에 대한 결과는 항상 같을 것이기 때문이다.

하지만 세상은 그렇지 않다. 전자의 위치를 정확히 알 수 없고, 파동이었다가 입자가 되었다가 하는 것처럼 인간 세상도 수많은 이중성들이 복잡하게 얽혀 예상치 못한 일들이 마구 일어난다. 잘 살펴보면 세상도 양자역학과 비슷한 측면이 많다. 미시세계와 거시세계의 구분은 어쩌면 없을지도 모른다. 우리가 인식하지 못할 뿐 양자역학은 이미 우리 삶을 깊숙이 지배하고 있다.

'원자 세상'을 이해해야 하는 이유

D사의 관리실장은 언제나 규정을 찾았다. 규정이 없다고 하면 강하게 불안감을 느꼈다. 그때그때 판단하는 것을 극도로 싫어했다. 어떤 일이 있을 때 규정이 없는 걸 실장이 발견한 날엔 관리실 직원들은 한 명 한 명 불려가서 이게 맞냐고 질책을 당했고, 수긍하지 않으면 고문실 같은 그의 집무실에서 벗어날 수가 없었다.

하루는 주재원 담당자가 실장에게 보고했다. 로마 사무소의 사업 철수가 결정되었다. 로마 주재원도 갑작스레 복귀해야 했다. 로마 주재원은 집 임대를 계약 기간 중간에 빼야 하는데, 남은 기간 임대료를 모두 물어내야 하는 상황이었다. 보증금을 다해도 모자라서 나머지 금액을 회사가 내줘야 한다는 담당자의 의견과 보고 내용이었다. 담당자는 이러한 경우는 회사가 갑작스레 철수를 결정한 것이기 때문에 중간 계약 해지에 대한 위약금을 회사가 부담해줘야 한다는 의견이었다.

하지만 관리실장은 규정을 가져오라고 했고, 적용할 수 있는 규정 내용이 없다는 것에 격분했다. 실장은 예측 불가능한 계획적이지 않은 현실에 눈이 시뻘게졌다. 실장에게는 사안의 처리가 중요한 것이 아니었다. 규정이 없는 것을 문제 삼았다. 2주 동안 담당자는 결재를 올리고 반려당하는 수난을 반복했다.

결국 담당자는 실장의 뜻대로 규정을 보완했다. '중간에 계약을 파기하여 나머지 임대금을 내야 할 경우, 회사가 부담한다.'라는 내용을 추가했다. 그제서야 실장은 안도했고, 자신의 의견대로 규정이 보완되었다는 것에 뿌듯해했다.

다음 달 오사카 사무소도 갑자기 사업 철수가 결정되었다. 오사카 주재원은 계약 중간 파기에 따른 위약금은 다행히 없었다. 관리실장은 만족스러운 듯 미소를 지으며 보고를 듣고 있었다. 그런데 주재원이 집을 너무 험하게 써서 원상복구 수리비가 꽤 나오게 되었다는 담당자의 보고를 듣고는 다시 눈이 벌게지기 시작했다. 담당자는 이것은 규정엔 없지만 험하게 쓴 것은 개인의 잘못이고, 어쨌든 나중에라도 원상복구를 해야 하는 상황이니 본인 부담으로 처리하는 것이 좋겠다고 의견을 냈다.

역시나 실장은 현재 이슈 처리에는 관심이 없었다. 규정에 관련 내용이 왜 없냐며 다그쳤다. 또 2주가 흘렀다. 규정 보완의 결재가 마무리되었고 '원상복구 수리비가 나오면 주재원이 부담한다.'라는 규정 문구가 추가되었다.

담당자는 법에서도 정규 법문이 있고 그 법에 따른 판례도 있고, 관련 행정부처의 명령이나 가이드가 있는 것처럼, 회사의 규정도 큰 차원의 방향과 범위를 규정하고 다양한 일들이 벌어질 때 규정의 방향성과 취지대로 사안마다 고민해서 처리해야 하지 않냐고 의견을 냈다.

하지만 관리실장은 왜 법문 책이 두껍겠냐며 담당자의 의견은 말도 안 된다고 묵살했다. 그러면서 회사의 주재원 운영 규정은 A4용지로 30장이 넘어가고 있었다. 관리실장은 모든 사례를 규정화하고 싶어 했다. 그리고 자신의 생각이 맞다고 만족해했다.

담당자는 여전히 큰 개념의 규정만 정해놓고 다양한 사안에 따라 유연하게 판단해야 한다는 자신의 생각이 맞다고 생각했다. 그 둘의 생각은 그렇게 점점 멀어지고 있었다.

과연 누가 맞는 것일까? 이런 이중적 상황에 늘 놓이게 되는 우리들은 누가 맞다고 생각해야 하는 걸까? 둘 사이의 적절한 수준, 경계는 있는 것일까? 어쨌든 항상 다름 속에서 선택의 기로, 혹은 대립에 서는 경우가 많이 발생한다. 바로 이중성이다. 우리가 살고 있는 거시세계에서도 분명히 이중성이 존재한다. 세상, 사회, 회사, 인간 모두 이중성을 갖고 있다. 당연할 수 있다. 이들 모두 이중성을 갖고 있는 원자로 이루어져 있기 때문이다.

세상에는 기쁨과 슬픔, 전쟁과 평화, 행복과 불행, 선과 악이라는 이중성이 있다. 사회에는 부자와 빈자, 진보와 보수, 구세대와 신세대라는 이중성이 있다. 회사에는 이익과 손실, 사용자와 근로자, 평가자와 피평가자라는 이중성이 있다. 인간은 여성과 남성, 이성과 감성, 내향과 외향이라는 이중성이 있다.

어쩌면 세계조차 거시와 미시로 이중성을 띠고 있다고 말할 수 있다. 자세히 들여다보면 이중성의 세부 주체는 서로 다른 것 같다. 부자가 있고, 가난한 사람이 따로 존재한다. 하지만 그들이 살고 있는 공간은 하나로 묶여 있다. 이런 구조를 보면 원자라는 것도 커다란 세상과 같고, 입자와 파동의 특성을 갖고 있는 더 작은 서로 다른 주체가 섞여 있는 것이 아닐까 상상해본다.

여하튼 거시세계에도 상보적 개념이 존재한다. 서로 완전히 다른 성질을 띠며 각자의 상태로 존재하는 것 같지만 상대가 없으면 존재의 의미가 없어져버리는 상호 보완하는 개념을 가지고 있다. 진보와 보수를 봐도 그렇다. 대중의 선택에 의해, 시대의 부름에 따라 다양하게 권력은 이동한다. 이들 중 어느 한쪽이 정권을 잡지만 분명 반대파도 여전히 존재한다. 양자의 이중성 상태와 유사하다.

인간의 경우도 마찬가지다. 모든 인간은 이성과 감성 둘 다 가지고 있다. 물론 한쪽이 우세한 경우는 있어도 단 한쪽만 가지고 있는 사람은 거의 없다. 만일 한쪽만 가지고 있는 사람은 정신적으로 불완전한 사람일 가능성이 크다. 이성과 감성은 서로 다르지만 한 사람의 감정과 판단을 조율하며 인간적인 면모와 인간으로서의 삶을 살 수 있도록 도와준다.

리더의 이중성, 권한과 책임

양자역학 시대에 살고 있음에도 불구하고 우리는 현실세계에서 아직도 입자가 맞다, 파동이 맞다고 주장하면서 싸우고 있다. 부자와 빈자, 기성세대와 젊은 세대가 대립한다. 서로를 이해하기보다는 자신의 주장을 내세우며 상대에 대한 비난과 불만을 드러낸다. 철저하게 독단으로 일관하는 양극단적 인간들은 생각보다 꽤 많다.

진정으로 세상이 가야 할 방향은 좌도 우도, 상도 하도 아니다. 우리가 가야 할 길은 양자역학이 인도하는 4차원의 세계 저 너머에 있다. 이 길은 이중적이다. 입자와 파동, 분명 다른 특성인데 하나의 물질이 가진 세계다. 양자역학은 우리가 어느 한쪽만을 주장하는 것이 틀렸음을 가르쳐주고 있다.

리더는 양자역학의 이중성을 받아들여야 한다. 어느 한쪽만 택했을 때 불안정해진다. 반쪽만으로는 완벽할 수 없다. 보완할 수도 없다. 우리가 서로 다르다고 느끼는 것이 사실은 더 좋은 하나를 위한 생각이라는 것을 리더는 꼭 받아들여야만 한다.

리더에게는 세상의 이중성 중에 반드시 이해하고 넘어가야 할 이중성이 있다. 바로 리더 본인이 갖추어야 할 이중성이다. 그것은 '권한'과 '책임'이다. 리더라는 역할에 따라 권한이 주어지고 책임도 생긴다. 권한과 책임은 떼려야 뗄 수 없는 이중성이다. 그런데 권한은 챙기면서 책임은 지지 않으려는 리더들이 있다. 권한과 책임도 상보적 관계다. 책임 없는 권한은 날강도와 같으며 권한이 없는 책임은 의미 없는 희생이다. 둘 다 우리 모두를 허탈하게 만든다. 책임과 권한은 상보적 관계이며 리더에게 두 가지 모두가 주어진다. 이 두 가지는 서로를 보완해주면서 리더를 더욱 강하게 만들어주는 무기와 짐이 된다.

역할에 따라 주어진 권한은 대출과 같다. 세상에 공짜는 없다. 분명 갚아야 한다. 그러므로 주어진 권한이 남용되지 않도록 주의해야 한다. 아주 알뜰하게 잘 써야 한다. 역할에 대한 책임도 당연히 중요하다. 자신이 맡은 역할의 수준에 맞는 책임을 져야 한다. 간혹 지나친 나머지 세상의 모든 짐을 짊어지려고 해도 안 되며,

반대로 아예 안 지려고 해도 안 된다. 역할에 맞는 적절한 책임을 져야 한다. 권한과 책임을 적절하게 잘 쓰고 갚는다면 리더의 완벽함은 더욱 올라가게 된다.

리더로서 진정으로 책임진다는 것

E회사의 경영위원회 때 이야기다. 그동안 회사는 돈을 잘 벌며 잘 성장하다가 갑자기 매출이 급격하게 떨어졌다. 회의 분위기가 아주 무거웠다. 현재의 심각성이 논의되자 갑자기 영업본부장이 입을 열었다.

"제가 책임을 지고 사퇴하겠습니다."

아주 비장한 목소리로 자신의 의사를 밝혔다. 그러고는 회의실을 박차고 나갔다. 회의는 당황스러운 분위기에 휩싸였다. 나머지 주제에 대해 간단히 공유를 한 후 사장이 회의를 마무리하면서 한마디했다.

"사퇴와 같은 말로 자리에서 물러나는 것이 책임을 지는 게 아닙니다. 그냥 회피하는 거예요. 영업본부장이 호기롭게 책임이란 말을 했지만, 책임은 그렇게 쉬운 게 아닙니다. 하여튼 여기서 마무리합시다."

나중에 그 의미에 대해 사장은 다시 풀어 얘기해줬다. 진짜 책임은 물러나는 게 아니라 직면한 문제를 직접 푸는 것이라고. 물러난다는 것은 그동안 리더로서 권한이라는 대출을 받아 써놓고선 갚지 않고 그냥 집에 가겠다는 것이나 다름없다는 것이었다. 책임지고 물러나겠다는 말을 들을 때마다 '이 무슨 말 같지 않은 말인가?'란 생각을 한다고 사장은 말했다.

그냥 본부장은 여태 가지고 있었던 리더라는 자리가 자신의 소유물인 줄 착각하고 있었던 것이다. 리더의 자리는 자기 것이 아니다. 우리 모두가 맡긴 것이다. 그러므로 물러나는 것으로는 책임을 질 수 없다. 실패에 대한 수습과 만회 그리고 손해가 발생했다면 그것에 대해 복구, 즉 손해배상까지 해야 한다. 수습과 복구가 안 된다면 사퇴가 아니라 처벌을 받아야 한다.

물론 다른 기여가 많았을 수도 있다. 그렇다면 리더의 실패는 용서될 수는 있다. 단지 본전치기일 뿐이다. 만일 그런 상황이라면 책임을 지고 떠나는 게 아니라 아무것도 한 일이 없이 그냥 떠나는 것이다. 무엇인가 희생하거나 배려하는 것처럼 생색낼 수 있는 처지가 아니다.

이렇듯 **실패나 사고에 대한 리더의 진정한 책임은 물러나는 것이 아니다. 잘못된 것을 개선하고 원상태로 되돌려놓는 것이다.** 그리고 되돌려놓을 수 없을 경우엔 리더로서 자격 박탈이 되는 것이다. 자진해서 리더의 자리를 물러나는 것은 책임 있는 행동이 아니며, 철저히 명예가 실추되는 것이고, 능력 부족으로 비난받아야 한다.

그만큼 리더의 자리는 힘들고 무거운 것이다. 반드시 권한과 책임이라는 엄청난 무게의 이중성을 모두 품을 수 있는 사람이 리더가 되어야 한다. 권한과 책임은 리더의 역할에서 파생되며 절대 리더 자신이 쉽게 생각하거나 정의할 수 있는 것이 아니다. 왜냐하면 리더라는 역할은 자신의 의지대로 되는 것이 아니다. 조직이, 회사가, 국가가 부여하는 것이다. 그리고 구성원들이 있어야 하며 환경과 여건이 다 맞아야 리더가 될 수 있다. 그러므로 리더 역할을 부여받는 것은 우주적 선택에 의해 이루어진다고 할 수 있다.

이렇게 선택받은 리더는 앞에서 살펴본 리더십으로 일을 한다. 일을 하는 사람은 모두 리더다. 그 일에 작고 큰 차이가 있을지언정 일을 하는 우리는 모두 주어진 권한과 책임에서 벗어날 수 없다. 어떻게든 리더는 맡은 일과 조직이 잘될 수 있도록 해야 한다. 이러한 리더가 되는 것을 희생이라고 생각하는 사람도 있고, 행운이라고 생각하는 사람도 있다.

리더가 되는 것은 희생도 행운도 아니다. 그냥 운명일 뿐이다. 자신의 운명을 덤덤히 받아들이고 역할을 충실히 수행하는 방법밖엔 없다. 그러고 보면 공자의 '진인사대천명'盡人事待天命도 양자역학의 이중성을 운명적으로 받아들이고 차분히 기다리라는 의미로 느껴진다. 자연의 원리인 물리학을 받아들이라는 목소리가 들리는 듯하다.

작은 변화도 놓치지 않는
관찰의 힘
리더의 관찰

관찰이라는 행위 자체가 변화를 초래한다

———

이중 슬릿 실험에서 전자는 관찰을 하면 입자, 안 하면 파동의 성질을 띤다고 했다. 과연 '관찰'이란 무엇일까? 혹시 전자의 성질이 바뀌는 것은 이 관찰 때문인 걸까?

관찰이란 관찰하려고 하는 대상 물체와 관찰자의 감각 사이에 이루어지는 상호작용이다. 관찰자가 물체를 보려고 한다면 물체에 비친 빛이 관찰자의 눈으로 들어와야만 볼 수 있게 된다. 듣는 것도 마찬가지다. 물체에서 발생한 음파가 관찰자의 귀로 들어와

● 관찰할 때의 전자는 장애물을 피해 가는 스키 선수다(입자성)

● 관찰하지 않을 때의 전자는 장애물을 통과해버리는 스키 선수다(파동성)

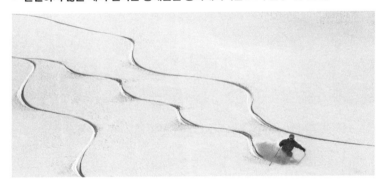

입자성은 우리가 관찰할 수 있는 세상의 물체들과 동일하게 장애물을 통과할 수 없는 성질을 의미한다(위). 하지만 파동성은 여러 갈래로 퍼지는 파동적 성질을 통해 장애물을 통과해버리는 것을 의미한다(아래).

야 들을 수 있게 된다. 빛이든 음파든 상호 간에 이동이 있어야 비로소 관찰이 가능해진다. 그러므로 관찰은 어떠한 것의 이동이며, 에너지의 변화를 의미한다.

관찰이라는 행위 자체가 에너지 변화를 초래한다고 볼 수 있다.

미립자의 미시세계에서는 관찰이라는 행위 자체, 즉 본다는 것만으로도 파동을 입자로 바꿀 만큼 매우 큰 영향을 주는 것으로 본다. 그래서 안 볼 때의 전자는 파동적 성질을 띠지만, 우리가 보면 입자처럼 된다.

관찰이 가진 놀라운 힘과 에너지

사실 우리가 사는 세상에서도 관찰이라는 행위는 인간의 행동 특성을 바꾸기도 한다. 회사에서는 일반적으로 이성적이고 합리적인 사람을 좋아한다. 일하기 위해 사람들은 전략을 짜고 그것을 실행하는 데에 수많은 고민과 의사결정을 해야 하기 때문이다. 반면에 연애할 때 사람들은 상대가 서로 감성적이길 원한다. 서로 교감하고 감정을 알아가는 데 온갖 신경을 기울여야 사랑을 잘 느낄 수 있기 때문이다.

이렇게 상황에 따라 원하는 성격의 상태가 다른데, 모든 상황에는 항상 관찰이라는 행위가 이 원하는 것을 강제하는 힘을 갖고 있다. 회사건 연애건 사람들은 서로가 서로를 관찰하며 자신들이 원하는 상태를 강요하게 된다.

회사에서는 평가자가 피평가자를 유심히 관찰한다. '전략적인지', '노력을 하고 있는지' 이성적 관점을 가지고 관찰한다. 그러면 피평

가자는 관찰자인 평가자가 좋아할 의도, 즉 회사가 좋아할 만한 이성적인 상태를 지향하고 합리적으로 판단하는 것처럼 보이려고 노력한다. 회사 사람들은 대부분 이성적인 척, 합리적인 척한다. 혼자 있거나 편안한 자리에서는 한없이 감성적인 말들을 늘어놓기도 하고, 드라마를 보고 훌쩍거리기도 하는 사람들인데도 말이다.

이처럼 인간은 하루에도 몇 번씩 이성과 감성을 넘나든다. 이것을 양자역학적으로 해석해보자. 인간이 전자라면 이성은 입자고, 감성은 파동이다. 관찰할 땐 이성적 입자가 되고, 안 볼 땐 감성적 파동이 된다.

한쪽 성향이 강할 순 있다. 하지만 분명 다른 성향도 가지고 있다. 회사에서 표출되지 않을 뿐 내재되어 있다. 한쪽 성향이 아예 없는 사람은 상보적 성질이 없기 때문에 불완전한 인간이다. 종합적 사고와 판단을 할 수 없게 되며 반대의 상황에 대해 전혀 고려하지 못하는 정서적으로 극편향된 불안한 사람이 된다.

연애할 때도 마찬가지다. 서로가 상대방을 관찰한다. '이 사람이 진짜 나를 사랑하는지', '나의 사랑을 진심으로 느끼고 있는지' 지속해서 관찰하고 확인한다. 그러면 관찰 대상자는 감성적인 상태를 지향하고 그 방향으로 변화하려고 할 것이다. 만일 연애 관계에서 이성적인 상태만을 지향한다면 상대방은 자신을 사랑하지 않는다고 느끼게 되고 끝내는 이별을 통보할 것이다.

이처럼 관찰이라는 의도는 물질의 상태, 특성까지 변화시킬 수 있다. 물론 아주 작은 의도에도 변화가 심하게 일어날 수 있는 미시세계와 비교해서는 우리가 사는 더 크고 무거운 세상은 관찰이라는 것에 영향을 덜 받을 것이다. 하지만 지속적인 관찰이 계속된다면 아주 천천히 관찰의 의도가 스며들어 변화가 일어나게 된다. 작은 물방울이 계속해서 떨어져 바위에 구멍을 만들어내는 것과 같은 원리다.

'꿈은 이루어진다.'라는 말도 의도가 상황을 계속해서 만들어가고 끝내는 의도하는 대로 변화의 현상이 일어나는 것을 의미한다. 이렇듯 관찰이라는 행위 자체가 형성하는 미세한 에너지는 만물에 영향을 미친다. 보려고 하는 것 자체가 입자에 기대하고 있는 '의도'가 포함되어 있다고 볼 수 있다. 전자는 관찰자의 의도를 파악하고 입자성을 띠어주는 것인지도 모른다.

아인슈타인이 등장하기 전까지의 물리학은 절대적이고 객관적인 자연을 다루었다. 그래서 인간의 정신이나 관찰자의 주관 같은 개념은 물리학에 도저히 끼어들 수가 없었다. 그러나 20세기 초 아인슈타인이 등장하면서 관찰자도 자연의 일부분이고 관찰자의 상대적인 상태가 자연현상에서 배제할 수 없는 중요한 사항이라는 것을 새롭게 알게 되었다.

리더의 잘못된 관찰이 만든 파국

———

물리학의 모든 대상은 관찰될 때와 관찰되지 않을 때 서로 다른 두 가지 특성을 가진다는 것으로 양자역학의 '이중성'과 '관찰'에 대한 개념은 고전물리학의 절대적 객관주의가 상대적 주관주의로 바뀌게 되는데 결정적인 역할을 했다. 리더는 이러한 관찰이라는 행위 자체가 조직에 변화를 가져올 수 있다는 것을 반드시 염두에 두어야 한다. 관찰은 칼과 같다. 잘 쓰면 이롭지만 잘못 쓰면 해가 된다. 리더십의 도구로서 관찰을 활용할 수도 있지만, 잘못된 리더의 관찰은 조직을 이상한 방향으로 몰아가기도 한다.

몇 년 전, 팀장이었던 선배가 자기 팀원 중 한 명의 얘기를 들려주었다. 선배 조직의 팀원들이 모두 어려서 경험이 좀 있는 시니어 팀원이 필요했다. 선배는 친구에게 국내 최고 기업 공채 출신인 사람을 추천받았다. 그룹 경제연구소에서도 경험을 쌓았던 시니어 경력자를 팀원으로 뽑았다.

새로 온 그 직원은 매사 적극적으로 임했고 아주 성실한 모습을 보여줬다고 한다. 팀장이 얘기하는 것 하나하나에 엄청 신경을 쓰며 어떻게든 성과를 내려고 애썼고, 젊은 팀원들과도 잘 어울리며 늘 함께 즐겁게 지내려고 노력하는 듯 보였다. 선배는 그런 그가 매우 믿음직스러웠고 몇 달 지나지 않아 많은 일을 맡기며 의지하게 되었다.

그러던 어느 날 그가 선배에게 면담을 요청했다. 심각한 표정으로 그는 다짜고짜 이렇게 물어봤다고 한다.

"팀장님, 혹시 제가 못마땅하세요?"

"어? 윤 차장, 그게 무슨 말이야?"

"음… 팀장님이 저를 험담하셨다고 누가 얘기를 해서요."

"누가 그래?"

"그건 말씀드릴 순 없고…. 암튼 그런 말을 최근에 하신 적이 없으세요?"

"그럼. 한 적 없지."

"아… 네… 그럼 됐어요."

선배는 좀 어이가 없었지만 그냥 넘어갔다. 괜히 자기네 팀워크를 부러워하는 다른 팀이 지어낸 소문일 수도 있을 거라고 가볍게 생각했다. 그런데 다른 팀원들이 하나둘씩 선배에게 그에 대한 이야기를 하기 시작했다.

"팀장님, 윤 차장님 좀 이상해요. 갑자기 신경질을 자주 내요. 자신을 빼고 다른 사람들 만나는 걸 너무 싫어하세요."

"갑자기 불러서 다짜고짜 자기가 만만하냐고 뭐라고 하더라고요. 왜 자길 빼고 쑥덕거리냐며 불쾌하다는 얘길 할 때가 종종 있습니다."

안 그래도 선배 또한 이상하다고 느끼고 있는 터였다. 선배는 윤 차장을 따로 불러 요즘 무슨 문제가 있냐고 물었다. 그러자 윤 차장은 벌떡 일어나며 다짜고짜 소리를 질렀다.

"젠장, 그만두면 되잖아! 내가 그만두면 될 거 아냐!"

선배는 깜짝 놀랐지만, 우선 윤 차장을 말렸다.

"왜 그래, 윤 차장? 진정하고 좀 앉아봐."

그러나 소용없었다고 한다. 그는 바로 짐을 챙겨 나갔고, 그 이후로 퇴직 정산 때문에 전화 한 통 한 이후 연락이 완전히 끊겼다. 선배는 한참 후에야 윤 차장이 왜 그렇게 행동했는지에 대해 이야기를 들었다. 그전에 다니던 회사에서는 엄청난 감시와 통제가 일상이었다는 것이다. 일단 불신이 기본적으로 깔려 있는 성악설에 입각한 회사였다.

윤 차장은 원래 따뜻한 인간관계에 의해 안정감을 찾는 착한 친구였는데, 수단과 방법을 가리지 않고 직원들을 감시하고 통제하는 지시를 받고 회사를 다녀야 했다. 그 회사에서 지시했다는 수단과 방법은 정말 말도 안 되는 것이었다. 아무리 2000년대 초반이었다고 하지만 직원들끼리 무슨 이야기를 하는지, 어떠한 생각을 갖고 있는지 감시하고 통제하려고 한다는 것은 믿을 수 없는 이야기였다.

사실인지 확인할 길은 없었지만, 사실 여부를 떠나서 회사는 비인간적이고 비윤리적인 곳이라는 인식이 마음속 깊이 박히게 되었고, 살기 위한 돈 때문에 그런 회사를 계속 다녀야 하는 자괴감에 심적 혼란을 겪었던 그 친구는 끝내 정서장애 증상까지 보이게 되었다는 안타까운 이야기였다.

신뢰의 관심이냐, 불신의 감시냐

물론 마음이 약하고 스트레스에 취약한 윤 차장 개인의 문제일 수도 있다. 하지만 감시와 통제 하에서 얼마나 사회가 건조해지고 피폐해지는지 수많은 역사적 증거들이 있다. 이렇듯 관찰은 현실 세계에서도 한 사람의 인생을 바꿀 수 있는 정도로 어마어마한 에너지를 갖고 있다.

어쩌면 우리 모두는 서로의 관찰 속에서 눈치 보며 살고 있을지도 모른다. 매너와 규율, 종교, 도덕 등 그렇게 해야만 한다는 각자의 프레임으로 세상을 관찰한다. 그리고 우리는 모두 그 프레임에 영향을 받는다. 그러므로 우리가 사는 세상 또한 양자역학 안에서 돌아가고 있는 것이 분명하다.

리더는 이러한 관찰의 힘과 에너지를 반드시 고려해야 한다. 관찰이 불신의 부정적이고 비윤리적인 감시가 되면 조직에 여러 가지 부작용을 동반할 수 있기 때문이다. 관찰은 긍정적인 관심과 신뢰관계 형성의 도구가 되어야 한다. 사실 불신의 감시와 신뢰의 관심은 종이 한 장 차이이다.

부모들이 아이들을 대할 때와 같다. 자식을 믿지 못하는 부모가

CCTV를 공부방에 설치하고 자식의 시공간을 감시할 것인가, 자식을 신뢰하고 배려하며 그들이 직접 고민하고 행동하는 것을 지켜보며 하나의 독립된 주체로서 인정해줄 것인가. 이것의 밑바탕은 우리가 이후 계속해서 다루어야 할 양자역학의 시사점인 신뢰 그리고 장기적 안정과 연결되어 있다.

전자든 우리 인간이든 관찰을 받으면 이중 슬릿 실험에서의 뚜렷한 두 개의 무늬, 즉 제한된 일만 할 수 있는 입자가 된다. 그러나 관찰하지 않으면 여러 가지 중첩된 무늬, 생각지도 못한 여러 가지 일을 하는 파동이 된다.

절대 관찰하지 말아야 한다고 주장하는 게 아니다. 리더는 관찰과 관찰하지 않음을 적절히 활용해야 한다. 그리고 관찰의 바탕은 신뢰와 관심이어야 한다. 우리는 양자역학이 가르쳐주는 관찰의 의미와 영향에 대해 인지하고 이 세상을 살아가야 한다.

원하는 조직을 만들려면
조직문화의 이중성을 이해하라
조직문화의 이중성

조직문화가 변화하기 어려운 이유

조직은 사람으로 구성되어 있기 때문에 조직 또한 인간과 아주 유사한 특성을 갖는다. 인간이 신체와 정신을 갖고 있는 것처럼 조직도 신체와 정신을 갖고 있다. 조직 구조는 인간의 골격과 장기에 해당하며, 조직 구성원은 근육을 이루는 세포와 같다. 조직도와 구성원 명부는 조직을 이루는 신체 정보에 해당한다. 회사의 비전과 미션, 인재상 등은 조직의 정신에 해당한다. 인간의 정신이 신체를 이끌어 행동하게 되듯, 조직의 정신인 비전과 미션, 인재상은 각종 전략과 계획이 되어 직원 한 명 한 명에게 전달되고 조직을 움직이게 만든다. 이러한 조직의 정신적 특성과 그에 따른 움직임 전체를 통틀어 '조직문화'라고 한다.

우리는 이렇게 넓은 개념의 조직문화를 아주 간단하게 표현하기도 한다. 삼성은 깐깐하고, 현대는 화끈하며, 공무원은 보수적이라고 말한다. 이것은 그 조직에서 오랫동안 강조되어온 그들만의 코드이며 사고와 행동을 지배하는 이미지다.

회사와 리더들은 좀 더 나은 조직문화를 만들고 싶어 한다. 그러나 성공 사례는 그리 많지 않다. 사람의 성격이나 행동이 잘 변하지 않듯 조직문화도 쉽게 변화하지 않는다. 한 사람의 마음과 행동을 바꾸기도 힘든데, 복수의 사람들로 이루어진 조직을 바꾸는 것은 당연히 훨씬 어렵다. 특히 오래된 조직일수록 더 어렵다. 어린아이보다 노인의 성격과 행동을 바꾸는 게 더 어려운 것처럼 말이다.

조직문화는 어떻게 바꿀 수 있나

조직의 정신은 인간의 정신과 마찬가지로 더 세분화하여 '의식'과 '무의식'으로 구분할 수 있다.

전략과 계획 그리고 검토나 조사와 같은 것들은 의도하는 것으로

'조직의 의식'에 속한 것들이다. 반면에 오랜 기간 저절로 형성되어 온 조직 DNA라고 불리는 조직의 행동 특성이나 직원들의 소명의식 (로열티)과 같은 것들은 '조직의 무의식'이라고 할 수 있다.

의식과 무의식은 서로 영향을 주기도 하고 때로는 서로 완전히 다른 방향으로 형성될 수 있다. 인간에게도 의식과 무의식이 서로 다른 방향으로 형성이 될 때 내적 갈등을 겪으며 정서장애를 일으키는 것처럼 조직도 의식과 무의식이 다른 방향이면 조직이 원하는 대로 성과를 얻기가 힘들어진다. 그러므로 인간이든 조직이든 의식과 무의식이 서로 긍정적인 영향을 주면서 같은 방향으로 형성되어 건강한 정신 상태를 만들어나갈 필요가 있다.

● **조직문화의 선순환구조**

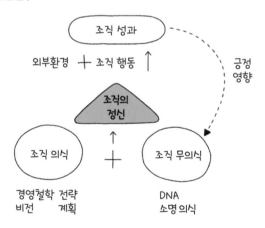

조직의 '의식'과 '무의식'이 합쳐져서 조직의 '정신'이 되고, 그 정신에 의해 조직은 행동하게 된다. 그 행동의 결과가 성과로 이어져 다시 조직의 의식과 무의식에 영향을 주게 된다.

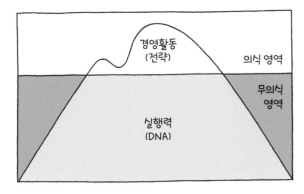

그러므로 리더는 조직의 의식(전략, 계획)과 무의식(DNA, 소명의식)이 방향을 같이하고 있는지 항상 점검해야 한다. 그리고 이러한 의식과 무의식의 조화가 조직을 꿈틀거리게 하고 활력을 갖게 하고 있는지 유심히 관찰해야 한다. 그렇게 의식과 무의식은 조직을 움직이게 하고 최종적으로는 성과를 만들어내게 된다. 만들어낸 성과는 다시 조직의 의식과 무의식에 아주 긍정적 영향을 미치게 되고 선순환구조를 형성하게 된다. 이것이 조직문화의 선순환구조다. 적절한 비전과 경영철학 그리고 상황에 맞는 전략과 계획. 이것을 가능하게 만들 수 있는 긍정적인 DNA와 소명의식이 조직의 활력과 움직임을 만들어 좋은 성과를 향하게 만든다.

많은 기업들이 열심히 전략과 계획을 짠다. 비전과 미션을 세우고, 핵심가치도 만들어본다. 좋은 사람들을 뽑고 조직도 만든다. 하지만 생각처럼 좋은 결과를 내긴 쉽지 않다. 운도 따라줘야 하고, 시장 환경도 받쳐줘야 한다. 그러나 **주위 환경이나 여건이 크게 변하지 않았는데 예상했던 결과가 나오지 않는다면 조직의 무의식에 문제가 없는지 의심해봐야 한다.** 조직의 무의식(DNA, 소명의식)은 잘 보이지 않는다. 눈에 보이는 조직과 여러 가지 활동들과는 다르게 조직의 무의식은 당연히 측정하기도 힘들고 관리하거나 조정하기 힘들다.

리더는 양자역학으로 조직문화를 성장·발전시킨다

자, 이제 우리가 공부한 양자역학으로 조직문화를 들여다보자. 눈에 보이는 조직과 여러 가지 활동들은 양자역학의 입자성과 유사하다. 우리가 예측할 수 있는 영역이다.

그러나 조직 DNA, 소명의식, 열정, 코드와 같은 것들은 우리에게 잘 보이지 않는다. 핵심가치나 인재상과 같은 것들로 조직의 무의식을 정의해보려고 하지만 과연 진짜 그렇게 생겼는지 알 수 없다. 조직의 무의식은 양자역학의 파동성과 같다. 분명 가지고 있는 것 같은데 실체는 잘 보이지 않는다.

조직의 의식과 무의식은 양자의 입자성과 파동성처럼 상보적 관계에 의해 서로 어우러져 일(행동)의 결과인 성과로 나타난다. **리더는 조직의 의식과 무의식이 서로 상보적 관계가 되도록 노력해**

야 한다. 뛰어난 인재들과 명확한 업무 분장 그리고 훌륭한 전략과 같은 눈에 보이는 것들이 열정과 소명의식 같은 보이지 않는 것들과 만나 폭발적인 반응을 할 수 있도록 해야 한다.

이렇듯 조직의 세계도 양자역학으로 돌아간다. 많은 돈을 써서 컨설팅 자문을 받고 몸값 높은 CSO chief strategy officer(기업의 전략을 수립하고 실행하는 최고전략책임자)를 뽑아 그럴듯한 전략을 세우더라도 성공하기 힘든 이유가 바로 여기에 있다.

조직문화의 이중성을 고려하지 않았기 때문이다. 특히 보이지 않는 파동과 같은 조직의 무의식은 쉽게 만들어지지 않고, 절대 돈으로 살 수도 없다. 멋진 파동은 멋진 입자에 의해 만들어지고, 또다시 멋진 입자를 만든다.

이렇게 상보적 관계가 오랜 시간과 많은 노력에 의해 천천히 강화된다. 그리고 마침내 멋진 무늬가 새겨진 조직문화를 갖게 된다. 이 과정에서 절실하게 필요한 것이 바로 리더의 역할이다.

양자역학에서 전자의 파동은 관찰에 의해 입자로 바뀐다고 했다. 조직의 파동성도 리더의 관찰에 의해 조직의 입자성, 즉 보이는 것들(조직, 전략, 성과 등)로 나타나기 시작한다. 여기서 리더의 관찰은 관심, 이해, 믿음과 같은 것들과 함께 명확한 평가, 진단, 검토 등이 이루어져야 한다. 감시가 아닌 세심한 신뢰로서의 관찰이 필요하다. 이것은 어설픈 꼰대의 노파심이 아닌 진정한 리더로서의 진심 어린 사랑에 의한 관찰이 되어야 한다.

리더의 관찰은 보이지 않는 것들인 조직의 파동성을 계속해서 입자성을 띠게 하면서 우리가 조직문화를 예측하고 측정할 수 있게 해준다. 현재 우리 조직의 장단점을 계속해서 점검할 수 있게 되고, 조직이 갖고 있는 역량과 환경에 대한 이해도가 높아지게 된다. 단점을 보완하고 장점을 더욱 강화할 수 있는 능력이 생기게 되며 조직의 의식과 무의식이 방향을 맞추고 상보적 관계를 형성하게 만든다. 리더의 관찰은 조직이 자기 자신을 점검할 수 있게 하는 최고급 MRI다.

조직문화는 몇 가지 인식 가능한 것들(비전, 전략, 핵심가치 등)을 챙긴다고 절대 좋아지지 않는다. 리더의 관찰 속에 인식 가능한 요소들과 인식 불가능한 요소들이 서로 상보적으로 오랜 기간 아주 천천히 숙성되면서 조직문화는 서서히 익어가게 되어 있다.

● **리더의 관찰 속에 이루어지는 성장과 발전**

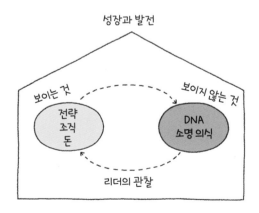

이렇게 형성된 독특한 컬러와 무늬가 조직에 새겨진다. 조직 구성원들은 자신도 모르는 사이에 형성된 코드(무의식 영역)대로 생각하고 행동하게 된다. 이러한 과정이 계속 반복되어 조직문화는 더욱 탄탄해지게 된다.

여기서 리더는 좀 더 나은 방향으로 조직의 문화가 형성될 수 있도록 다양한 노력을 꾸준히 해야 한다. 앞에서 말했듯 일단 세심한 관찰이 필요하다. 무엇이 약하고 무엇이 강한지, 우리를 둘러싼 환경은 어떤지 애정을 갖고 관찰해야 한다.

이후 우리 조직에 필요한 여러 가지 활동들을 실행해야 한다. 목표(비전)와 핵심가치 같은 것들도 정해보고, 좋은 세포(직원)도 배양하고, 경쟁력 있는 신체(조직 구조)도 만들고, 전략, 제도, 프로세스 등 필요한 것들을 전방위적으로 개선해나가야 한다.

이것이 신뢰를 바탕으로 한 관찰이다. 앞서 설명했던 리더는 조직의 전체적인 에너지 관리자로서 관찰을 한다. 그리고 관찰 자체가 전자에게 영향을 미치는 것처럼 리더는 관찰로서 조직에 좋은 영향과 에너지를 공급해야 한다.

리더 본인도 이상과 현실을 끊임없이 왔다 갔다 하며 현실을 파악하고 가야 할 길을 정해야 한다. 그래야 꿈꾸고 그 꿈을 향해 달리다가, 다시 현실을 관찰하고 다시 꿈꾸고를 반복할 수 있다. 벡터 리더십에 양자역학적 개념을 가미해야 한다. 구성원들과 현실을 공유하고 꿈을 얘기해야 한다.

다만, 한 가지 유념해야 할 것이 있다. 상대성이론에서도 말했듯이 조직은 자신의 특성과 상황에 맞지 않는 조직문화 개선 활동들을 할 때가 있다. 물론 변화하기 위해 개선 활동들이 필요하다. 그러나 조직문화는 아주 천천히 바뀌고, 자신과 맞지 않으면 역효과가 발생하기도 한다. 그러므로 가고자 하는 방향을 설정하기 전에 반드시 우리가 누구인지 '정체성'부터 명확히 해야 한다. 이때 필요한 것이 관찰이다. 힘을 주기 전엔 항상 벡터를 고려해야 하는 것도, 상대성이론에 의해 항상 자신의 특성과 상황을 알아야 하는 것도 모두 이 관찰에 의해 이루어져야 한다.

세상 사람들이 모두 자신만의 개성을 가지고 있듯이 조직 또한 개성이 다 다르다. 개성을 좀 더 보여주고 강화할 수 있는 콘셉트로 정한다면 더욱 강한 조직문화를 만들 수 있다. 제발 남이 입던 옷을 입지 말고 자신에게 맞는 맞춤옷을 입도록 하자.

좋은 조직문화를 만드는 것은 곧 일을 잘하게 만드는 것이다. 리더십의 궁극적인 목적은 조직이 일을 잘하게 함으로써 조직의 목표를 달성하고 성장과 발전을 이루는 것이다. 리더는 관찰이라는 돌봄 활동을 통해 멋진 무늬가 새겨진 나무를 무럭무럭 키우는 정원사가 되어야 한다.

양자역학적 리더는
MZ세대를 이해할 수 있다
세대의 이중성

X와 MZ : 세대는 돌고 돈다

인류가 탄생한 이후 구세대와 신세대는 계속 있어 왔다. 이 또한 한 시기에 중첩된 이중성 중 하나다. 신세대는 시간이 흐르면서 다시 구세대가 되고, 또 다른 신세대와 마주한다. 아무리 특출나고 앞서 나아가는 신세대라고 하더라도 반드시 구세대가 된다. 자신이 그렇게 흉을 보던 꼰대가 반드시 된다.

MZ세대가 등장했다. 이 시대의 메인 신세대다. 예전 90년대를 주름잡았던 신세대 X세대들은 이제 아재, 꼰대가 되어버렸다. 아무리 자신이 그때 당시 강남역 나이트와 서태지의 노래를 섭렵하고 있었다고 한들 MZ세대에게는 그저 구세대일 뿐이다. X세대들이 386세대를 바라보듯, 386세대가 60, 70년대 통기타 세대를 바라봤던 느낌과 같다. MZ세대는 X세대보다 오히려 통기타를 더 힙하다고 생각할지 모른다. 그래서인지 요즘 을지로에 가면 20대들로 가득하다. MZ세대의 영향력은 점점 더 커지고 있다. 물론 MZ세대도 언젠가는 꼰대가 되겠지만 말이다.

MZ세대가 중요시하는 '공정'의 의미

MZ세대는 공정을 매우 중요시한다. MZ세대가 말하는 공정이란 386세대, X세대가 생각하는 공정과는 다르다. 구세대가 생각하는 공정은 평등, 공평과 같은 정의justice와 관련된 것들이다. 하지만 MZ세대들의 공정은 조금 다르다. 그들과 이야기를 나누다 보면 **공정은 '정의'보다는 '약속, 룰'에 가깝다는 생각이 든다.** 주어진 미션과 그 미션의 클리어(달성)에 대한 보상을 명확하게 해주는 것을 공정이라고 여긴다. 미션 클리어는 정의와 정확히 일치하지는 않는다.

MZ세대의 공정은 게임과도 흡사하다. 그 미션과 시스템 자체가 아주 정의롭거나 공평하지 않아도 크게 상관은 없다. 중요한 것은

반드시 미션과 룰이 명확하게 공유되어야 하고, 누군가가 미션을 달성할 수만 있다면 문제 삼지 않는 경향이 있다.

내가 학창 시절에 보았던 오래된 만화가 있다.《도박묵시록 카이지》라는 일본 만화였다. 최근 전 세계적으로 큰 인기를 끌었던 넷플릭스 드라마 〈오징어 게임〉과 아주 유사한 내용이었다. 큰 금액의 상금을 놓고 목숨을 건 토너먼트 게임을 하는 이야기다. 애니메이션으로도 나왔다. 당시 우리나라에선 인기가 그리 많지 않았다. 감성이란 건 전혀 찾아볼 수 없는 극도로 잔인하고 매정한 스토리 때문에 당시 대중적으로 인기를 끌지는 못했다. 아주 어려운 마니아적인 작품이었다.

그리고 몇십 년 후 세상에는 〈오징어 게임〉이 나왔다. 앞의 작품과 정말 많이 닮아 있었다. 그런데 전 세계 사람들이 열광했다. 탄탄한 구성과 배우들의 훌륭한 연기, 매력적인 영상 등 모든 것이 뛰어났지만, 극도로 각박해진 사회에 대한 냉소적이지만 현실적인 해석에 특히 MZ세대들이 크게 공감했다. 지금 세대가 살아가는 세상을 극단적으로 아주 잘 비유했기 때문이라고 생각한다.

MZ세대에게는 도덕이나 정의가 공정이 아니다. 조금은 냉정해도 명확한 룰과 그 룰에 따른 명확한 보상이 있으면 어느 정도 수용이 되는 듯하다. 세상이 그렇게 생겼다고 생각하는 것 같다. 어떤 방식이든 룰이 있어야 한다는 생각 그리고 그 룰에 의한 보상이 반드시 있어야 한다는 생각. 이것이 공정이라고 여기는 것 같다.

원리와 정의를 따지며 맞고 틀림을 확인하려는 기성세대들과는 확연히 다른 모습을 보여준다. 그런 걸 따지는 여유 있는 꼰대들을 바라보는 MZ세대들은 자신들에겐 그럴 여유가 없다는 듯 냉소적인 표정을 짓고 세상은 그렇게 생기질 않았다고 생각하고 있다.

게임을 대하는 것과도 유사한 MZ세대가 세상을 바라보는 태도는 현재 인류가 양자역학을 받아들이는 태도와 닮아 있다. 원자의 운동에 대한 원인은 몰라도 결과만을 알고 있는 양자역학을 닮았다. 체계와 룰이 만들어진 논리와 배경은 잘 모른다. 게임의 원리는 게임 개발자들이 알아서 할 일이다. 자신들은 명확한 게임의 룰만 있으면 그것을 달성하고 보상을 얻는 플레이어가 되면 된다. 그것이 현실이라는 것을 MZ세대는 너무 잘 알고 있다.

양자역학, MZ세대를 이해하는 도구다

MZ세대는 양자역학적 사고와 판단을 하고 있다. 뉴턴적 사고를 하는 기성세대는 절대 MZ세대를 이해할 수가 없다. 뉴턴적 사고방식으로는 아무리 양자역학을 이해하려고 해도 절대 이해할 수 없다. 세상은 그냥 양자역학대로 생겼기 때문이다. 아인슈타인도 양자역학을 주장하는 젊은 물리학자들(코펜하겐 학파)을 이해할 수

없었다. 그래서 똑똑한 아인슈타인도 결국 답을 찾지 못하고 아직
까진 그들이 맞다는 것을 인정할 수밖에 없었다.

MZ세대들이 이런 태도를 갖게 된 이유가 있다. 그들은 나름 힘
든 시기를 보냈다. 기성세대들은 자신들의 라떼 얘기를 하면서
MZ세대들이 뭐가 힘들었냐고 대수롭지 않게 얘기하지만 절대 그
렇지 않다.

그들은 IMF 때 부모의 실직으로 어려워진 집안 출신이 많았고,
대학을 학자금 대출로 다닌 경우도 많았다. 취직하려고 하니 금융
위기가 터지고, 신입 공채 규모가 예전보다 대폭 줄어들었다. 취업
은 더 어려워졌고, 겨우겨우 취업했는데 사회 전체적으로 L자형
저성장 기조에 들어갔다. 회사는 매년 어려움을 호소하며 물가 인
상율과 비슷한 연봉 인상을 해왔다. 두 자릿수 임금 인상은 전설
이 되어버렸다.

대학을 졸업한 지 한참이 되었는데 아직도 등록금 대출을 여전
히 갚고 있다. 저금리에 부동산 가격은 계속 오르고 집은커녕 결
혼도 사치가 되었다. 미래 준비 그것도 사치다. 그때그때를 즐기고
일해야 한다. MZ세대에게 바로 지금이라는 것과 룰이 중요해졌
다. 합리적이고 논리적인 것도 바라지 않는다. 세상은 공평하지 않
다는 것을 몸소 겪었고, 세상이 마음같이 안 된다는 것을 너무도
잘 알고 있다.

금수저, 흙수저란 말이 그냥 생기진 않았다. 상황에 맞게 게임을

잘해서 점수를 많이 따는 수밖에 없다. 그러려면 게임의 룰을 잘 알아야 한다. 그런데 룰이 명확하지 않거나 룰대로 하지 않을 때, 이들은 분노한다. 룰이 합리적이고 논리적인 것까지 바라지도 않는다. 그냥 단지 룰대로만 하라고 울부짖을 뿐이다.

MZ세대들은 회사가 수익을 냈으면 일한 만큼 나눠 받길 원한다. 복잡하지 않고 간단하다. 미립자인 전자가 경로 없이 순간 이동을 하듯이 경로 같은 것을 알 필요는 없다. 그냥 그 룰이 맞든 틀리든 명확하게 일한 만큼 보상을 받으면 된다.

이 조직에 뼈를 묻거나 로열티 같은 것을 얘기하는 것은 그들의 입장에선 너무나도 허황된 사치다. 내일이 어찌 될지도 모르는데 무슨 먼 미래를 생각한단 말인가. 이것 또한 사치다. 모든 게 다 사치다. 하루하루 게임의 룰에 따라 열심히 생존하고 다음 미션을 수행할 뿐이다.

리더는 신구 세대 간의 연결자가 되어야 한다

기성세대들은 이런 MZ세대를 보고 걱정한다. 하지만 MZ세대는 괴물이 아니다. 오히려 합리와 원리에 빠져 있는 기성세대가 더 문제다. 우리가 이해할 수 없는 양자역학이 뉴턴 역학보다 진리에 더 가깝다. 현실은 인과관계가 명확한 세상이 아니다. 그냥 우리는 양자 세상이란 게임 룰을 따라야 할 뿐 아직도 왜 그렇게 되는지 정확히 모른다. 아주 조금씩 천천히 문제를 풀어나가고 있을 뿐이다.

그런데 또 아이러니한 것은 이렇게 다른 세대인 우리 모두는 같은 시대에 같이 살고 있다는 것이다. **신세대와 구세대는 모두 하나의 중첩 상태다.** 이해와 공감도 필요하지만 그냥 구조적으로 하나의 몸뚱이다. 구세대가 낳고 기른 것이 신세대이며, 지금의 신세대 또한 구세대가 되어 또 다른 신세대를 낳고 기를 것이다. 세대의 중첩은 계속된다. 우리는 하나의 세상 속에서 서로를 낳고 기르며 이 세상을 계속 물려주며 살아가고 있다. 그들의 영향력이 커지고 있는 이유도 있지만, 그들의 양자역학적 사고와 판단이 세상을 살아가는데 더 적합하기 때문이다.

시대를 막론하고 구세대는 항상 젊은 세대를 걱정했다. 그러나 역사적으로 대부분의 어려운 변곡점에서 도전하는 젊은 세대가 문제를 해결하거나 바꿔왔다. 따라서 리더에게 정작 필요한 것은 이 젊은 신세대를 이해하고 조직의 미래 문제를 풀어나갈 수 있도록 보듬어줄 수 있어야 한다는 것이다.

이러한 현실 속에서 리더는 신구 양 세대를 연결시켜야 한다. 서로의 다름을 이해하고 그들의 특성을 받아들여야 한다. 그리고 각 세대가 맡아야 할 역할을 적절히 분배해야 한다. 예를 들어, 신세대에게는 세상을 변화시킬 수 있는 창의적이고 톡톡 튀는 아이디어와 추진의 공격수 역할을 맡기고, 구세대에게는 경험과 직감을 통해 지킬 수 있는 안정과 네트워크의 수비수 역할을 맡기는 것이다.

리더는 감독으로서의 역할을 해야 한다. 공격과 수비를 관망하며 적절하게 조율과 가이드를 해주어야 한다. 우리의 뇌는 두 개로 나뉘어 있는데 중간에 이 두 뇌를 하나로 연결시키는 뇌량腦梁이란 것이 있다. 리더는 뇌량과 같은 역할을 해야 한다.

뇌량은 길이가 약 10센티미터이며, 2억 개의 신경 다발로 이뤄져 있다. 좌뇌와 우뇌가 정보를 교환할 때 연결해주고, 서로 다른 두 뇌가 만나 더 업그레이드된 성능의 뇌로 합쳐주는 역할을 한다. 그래서인지 천재 과학자 아인슈타인의 뇌량은 남들보다 두꺼웠다고 한다.

일반적으로 좌뇌는 이성, 우뇌는 감성의 영역을 담당하고 있다고 한다. 이성과 감성의 조화는 뇌량을 통해 가능해진다. 만일 이성과 감성이 조화를 이루지 못할 경우, 우리는 심리적 장애를 겪게 된다. 이처럼 리더는 다양하고 많은 이중성 사이에서 뇌량의 역할을 해주어야 한다. 신세대와 구세대는 하나의 조직이다. 이제 남은 것은 뇌량으로서 두 세대를 연결하는 양자역학적 리더가 절실히 필요하다.

6

이중적이지만 모두 하나로 연결되어 있다
양자 얽힘

'양자 얽힘'에 의해 이중성은 영원히 계속된다

여기 상호 연결된 두 개의 양자가 있다고 가정해보자. 이 양자들은 흑과 백 두 상태의 이중성을 가질 수 있다고 해보자. 두 양자를 각각의 주머니에 담아 하나는 지구에, 다른 하나는 아주 먼 안드로메다은하Andromeda galaxy 끝으로 보내자.

양자역학에 의하면, 주머니를 열어보기 전에는 두 양자 모두 흑 또는 백의 중첩 상태에 있다. 이때, 둘 중 한쪽의 주머니를 열어 상태를 관측하면 다른 주머니의 양자 상태는 반대로 결정된다. 즉,

지구의 주머니를 열었는데 흑이면 안드로메다은하 주머니는 백이 되고, 지구 주머니의 양자가 백이면 먼 안드로메다은하 주머니에선 흑이 된다. 이것을 '양자 얽힘'quantum entanglement이라고 한다.

이 양자 얽힘 상태의 결정은 빛보다 빠른 속도로 일어난다고 한다. 그냥 동시에 결정된다고 보면 된다. 이 양자 얽힘의 현상은 여러 실험을 통해 가설이 아닌 사실로 입증되었다. 가장 최근인 2015년 네덜란드 델프트공과대학에서 진행한 실험을 통해서도 완벽한 사실로 입증이 되었다.

양자 얽힘은 뉴턴의 물리학뿐만 아니라 빛보다 빠른 것이 없다는 아인슈타인의 상대성이론에도 맞지 않는 현상이다. 서로 얽혀 있는 두 양자는 하나가 결정되면 나머지 하나가 동시에 결정된다. 연결된 양자는 엄청나게 떨어져 있어도 하나라는 것이다. **서로 다른 것이 아닌 하나에서 중첩 상태로 있는 것이고 아무리 떨어져 있어도 하나로 연결되어 있으며 한쪽이 정해지면 다른 한쪽이 동시에 반대로 정해지고 한쪽이 바뀌면 다른 한쪽도 동시에 바뀐다.**

이런 상상도 해본다. 진보와 보수가 있다. (가능성이 0퍼센트에 가까운 일이지만) 갑자기 진보가 모두 사라졌다고 가정해보자. 그러면 보수 100퍼센트 세상이 될 것이다. 그런데 과연 그 상태가 지속이 될까? 보수 중에 반드시 반대파가 생긴다. 그 반대파가 다시 진보가 된다. 반대의 경우도 마찬가지다. 진보는 보수가 되고, 보수는 진보가 된다. 이 속도는 양자처럼 빠르게 되지는 않겠지만 반드시 일어날 현상이며, 역사적으로도 유사한 현상이 계속되어 왔다. 진보든 보수든 두 상태는 다르지만 모두 완벽하지 않고 상보적이기 때문에 서로 보완하며 계속해서 이름만 바뀔 뿐 이중성의 중첩 현상은 반복되어 나타난다.

공산주의 소련은 1991년 공산주의 색을 빼고 자유시장을 받아들이면서 러시아가 되었다. 우크라이나도 러시아에서 독립했다. 우크라이나는 점차 유럽 서방세계와 가까워졌다. 러시아는 그런 우크라이나가 못마땅했다. 다시 러시아는 군국주의 색을 띠기 시작했다. 러시아는 끝내 우크라이나를 침략했다. 하나였다가 둘이 되고 다시 하나가 되더라도 다시 둘이 될 수 있다. 이렇듯 이중성은 계속된다.

양자 얽힘, 노사관계 문제를 풀 열쇠다

기업의 노사관계도 이중성의 연속이다. 일반적으로 회사 측과 근로자 측으로 나뉜다. 회사 측은 어떻게든 인건비를 아끼고 효율을 강조하고, 근로자 측은 어떻게든 임금을 높이고 근무 여건을 개선하려고 노력한다. 서로의 반대되는 견해 차이는 조율하기가 쉽지 않다. 서로의 입장을 충분히 공감하면서 조화롭게 합의하는 것은 굉장히 어렵다. 극명한 대립 속에 조금씩 조금씩 자신의 기대와 희망을 칼로 도려내며 억지로 양보하듯 몇 차례, 수개월, 수년을 밀고 당기다가 합의에 이르거나 파업까지 가기도 한다.

그런데 **기업의 노사 이중성 또한 양자적 특성을 갖는다. 서로를 이해하고 보완하면서 어떻게든 상보적인 합의가 필요하다.** 서로가 서로를 절대적으로 필요하기 때문이다. 서로가 없으면 존재할 수 없다. 기업이라는 하나의 테두리 안에서 성질은 다르지만 하나로 연결되어 있다. 서로 아무리 떨어져 있어도 얽힘으로 연결되어 있는 양자 얽힘이다. 이 얽힘은 빛보다 빠르다.

회사 측과 근로자 측의 입장은 바뀌지 않는다. 리더는 이 양측의 입장 중 어떤 한쪽으로만 쏠리면 안 된다. 한쪽 편이 이기길 바라거나 한쪽으로 바꾸려고 해서도 안 된다. 양측 모두 상호 보완적이며 반드시 서로가 있어야 완벽한 기업으로서 생존할 수 있다는 점을 꼭 기억해야 한다. 두 극단적인 양자 사이에서 리더는 조율을 통해 얽힘 상태를 잘 유지해야 한다. 어떻게든 두 상태를 하나의 상호 연결로 묶어야 한다. 서로의 상보성을 이해시키고 더욱 키워야 한다. 그래야 건강한 조직으로 생명력을 유지하고 성장할 수 있다.

요즘 기업들의 노사문제가 언론에 종종 거론되고 있다. 특히 성과 보상, 괴롭힘, 과로 등 크고 작은 이슈들이 터져 나오고 있다. 기업들은 저성장 기조의 경제와 빠르게 변하는 기술 트렌드 등 쉽지 않은 경영 환경에 적응하는 것만으로도 벅찬 상황인데, 내부적인 노사문제까지 풀어야 하는 어려움에 처해 있다.

해당 회사들은 직원들의 복지나 근무환경에 신경을 많이 썼다. 하지만 그러한 조치들은 본질을 건드리지 못하는 부가적인 것에 불과하다. 노사관계라는 이중성에 맞는 상보적 관계 형성을 위해서는 회사가 양적 성장을 했으면 그에 상응하는 회사의 질적 성장이 필요하고, 근로자도 상응하는 질적·양적 성장이 필요하다. 이중성에 맞는 모든 것의 균형이 필요하다.

회사가 매출 규모와 조직이 확대되는 외과적(양적) 성장을 했으면 그에 맞는 각종 제도와 업무 체계, 기업문화 등 다양한 내과와 정신과적(질적) 성장도 같이 필요하다. 복지 환경이나 보상에만 신경 쓴 회사들은 몸이 커진 어린아이와 같은 한계를 드러냈다. 이제는 아무리 더 맛있는 사탕을 사주고 좋은 게임기를 사주더라도 과거처럼 만족할 수 있는 어린아이가 아니다. 어른이 된 신체를 가지면서 신체의 성장에 맞는 다양한 욕구들을 충족시켜주길 원한다.

그러나 아직도 주변(복지, 근무환경)만 건드리거나 일단은 금전적인(가장 의식적인 영역) 보상(스톡옵션, 개별성과급)으로 해결하려는 회사들이 꽤 많다. 하지만 다양한 제도와 시스템들을 갖추고 정신문화적인 활동들이 필요하다. 그리고 회사가 성장한 만큼 충분히 구성원들에게 보상과 제도 그리고 문화를 선물해야 한다.

국내 기업의 수준을 넘어 글로벌 경쟁에 뛰어든 기업이라면 인력 시장에서의 경쟁력도 국내 수준을 넘어 글로벌 수준의 경쟁력을 갖출 수 있도록 해야 한다. 물론 투자 효율도 당연히 따져야 한다. 회사의 양적 성장이 없는데 여러 가지 비용을 들이거나 제도나 시스템을 만들려고 에너지를 낭비하면 안 된다. 하지만 회사가 양적으로 성장했다면 그에 걸맞은 질적 성장 그리고 근로자에게도 양적·질적 성장을 균형 있게 맞추는 노력을 반드시 해야 한다. 전방위적인 수준을 맞추어야 한다. 왜냐하면 회사와 근로자는 얽힘으로 서로 연결되어 있기 때문이다. 많은 성장 기업들은 더 늦기 전에 얽힘의 중요성을 반드시 고려해야 한다.

양자 세상의 리더는
'성과주의'와 '인본주의'를 모두 고려한다

또 회사 안에서는 성과주의와 인본주의도 배치된다. 이것 또한 이중성이다. 그러나 많은 기업들이 이러한 이중성에 대해 심도 깊게 고민해보지 못했다. **기업의 지속 가능한 성장을 위해서는 성과주의와 인본주의의 이중성은 양립해야 한다.** 특히 노사관계에서 항상 갈등이 생기는 지점이 바로 이 부분이다.

회사는 성과나 효율이 중요하다. 그래서 성과주의를 강조한다. 하지만 근로자들은 자신들의 노동에 걸맞은 인간적인 대우와 회사의 보상을 요구한다. 그래서 인본주의에 가깝다. 리더의 성향에 따라서 이 두 가지 주의 중 하나에 치우치기도 한다. 어떤 리더는 실적에만 집착하며 성과주의를 강조한다. 어떤 리더는 정에 치우치거나 연민에 의해 무능력한 구성원을 감싸주면서 인본주의를 이야기하기도 한다.

하지만 성과주의만 강조되어도 안 되고 인본주의만 부각되어도 안 된다. 일에 대한 평가도 결과만을 갖고 평가해도 안 되고, 노력만을 봐도 안 되는 것처럼 말이다. 성과주의와 인본주의는 상보적 개념이 있기 때문에 반드시 모두 고려되어야 한다.

많은 IT, 게임 기업들은 기술 중심의 성과주의로 빠르게 성장했다. 이중성 중 성과주의라는 한쪽을 너무 강조했다. 그래서 현재 더욱 심한 성장통을 겪고 있는 것이다. 이러한 현상에 대해 해당 업계의 리더들은 이중성과 관련이 있다는 사실을 아예 모르거나 알아도 애써 외면하려는 모습이 역력하다.

스타트업과 같이 작은 조직일 때는 핵심 전문성이나 성과에 집중할 수 있다. 일단 생존이 급선무였으므로 당연히 선택과 집중이 필요하다. 하지만 성장을 시작해서 위태로운 구간을 넘겼다면 그다음에는 인본주의에 대해서도 고민해볼 필요가 있다.

성과주의와 인본주의는 다 같이 존재할 때 완벽한 구조가 된다. 서로 대립하는 성질은 중첩 상태가 반드시 필요하다. 중첩은 조화다. 리더는 조직 안에서 이중성 사이에서 조화를 담당해야 한다.

또한 자신 안에 있는 이상과 현실 사이에서도 중심에서 조화를 담당하고 있어야 한다.

리더는 중심에서 조화를 이루는 사람이다. 리더는 자신 안팎의 이중성을 모두 하나로 얽혀놓아야 한다. 리더가 모두의 중심에서 조화라는 운명을 짊어져야 한다. 그것이 양자역학의 세상을 살아가는 리더다.

7

예측할 수 없기에
리더의 미래는 열려 있다
카오스 현상

미래를 예측하기 힘든 이유

천재 물리학자 아인슈타인도 외출할 때 우산을 가져가야 할지 말아야 할지의 결정은 쉽지 않았을 것이다. 미래 예측은 너무 어렵다. 아니 물리학자들은 미래 예측은 불가능하다고 말한다. 어떠한 하나의 단순한 결과에도 너무나도 많은 요인이 영향을 미친다. '나비효과'butterfly effect(브라질에 있는 나비의 날갯짓만으로도 미국 텍사스에 토네이도를 발생시킬 수도 있다는 것으로, 한쪽의 조그마한 변화가 다른 쪽에는 예측할 수 없는 변화무쌍한 날씨를 만들어낼 수도 있다

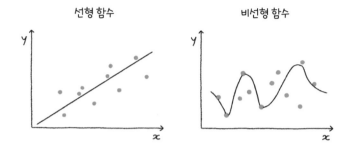

선형 함수   비선형 함수

는 의미)로 잘 알려진 카오스chaos 현상 때문이다.

카오스는 크게 두 가지 특성을 갖고 있다. **하나는 비선형적이라는 특성이다.** 선형은 하나의 선으로 미래를 예측할 수 있게 해준다. 그러나 비선형은 선으로 표시할 수 없다. 즉, 미래를 예측할 수 없다는 것을 의미한다.

카오스의 또 하나의 특성은 프랙털fractal 구조를 가지고 있다는 것이다. 프랙털이란 임의의 한 부분이 항상 전체의 형태와 닮은 도형으로, 아무리 확대해도 계속해서 자신의 모습이 반복되는 현상을 말한다. 자연계에서는 구름 모양이나 해안선 등에서 프랙털을 발견할 수 있다. 카오스의 이런 프랙털적 특성 때문에 아무리 본질을 알아내려고 깊게 깊게 파고 파고 또 파도 끝이 나질 않는다는 것이다. 즉, 원인을 알아내는 것은 불가능하며 결과를 예측할 수 없다는 것을 의미한다.

현재 양자카오스quantum chaos에 대한 연구가 진행 중이다. 겉으

출처: 셔터스톡

로는 불안정하고 불규칙적으로 보이지만 나름대로 질서와 규칙성을 지니고 있는 카오스 현상과 미시세계의 양자역학을 연결하는 연구다. 양자카오스는 인간으로서 최종의 진리는 알아내기 힘들다는 것을 알면서도 본질 탐구를 계속하고 있는 물리학자들의 운명과 닮아 있다.

1957년 프린스턴 대학교의 휴 에버렛Hugh Everett 박사는 양자의 측정, 즉 관찰에 의해 입자나 파동의 상태가 결정되는 것이 아니고, 입자 자체가 파동과 같은 상태로 존재할 수 있다고 주장했다. 원래 입자는 파동처럼 여기저기 다 존재할 수 있다는 주장이다. 이것이 가능한 이유는 순간마다 우주가 새롭게 생겨난다는 논리였다. 이것을 '다세계 해석'many-worlds interpretation이라고 한다.

전자가 이중 슬릿을 지나기 직전에 우주가 두 개로 나누어지고, 각각의 우주가 분리되어 슬릿을 통과할 수 있다는 것이다. 이 해석에 따르면, 무한히 많은 우주가 존재한다. 무한히 많은 우주가 존재한다는 것은 우리의 미래도 무한히 많은 미래가 있다는 것을 의미한다. 그러므로 미래를 예측하는 것은 불가능하다는 것이다. 어려운 양자 세계를 설명하려고 별의별 생각들을 다 하는 것이 느껴진다. 이것은 아직 실험으로는 증명되지 않아 이론적 가설에 속한다. 딱 들어도 공상과학 같아 받아들이기 힘든 이야기임에도 불구하고, 현재 양자물리학자 중 20퍼센트 가까이가 이 '다세계 해석'을 지지하고 있다고 한다.

리더가 된다는 것

지금 현재 아주 작은 코로나바이러스 하나에도 전 인류는 2년 넘게 시달리고 있다. 이럴 거라고는 아무도 예상하지 못했다. 또 다른 예상하지 못한 일이 벌어질 수도 있다. 갑자기 아주 커다란 별이 지구와 충돌해 한순간 모두 사라질 수도 있다.

이처럼 미래는 아무도 모른다. 그럼에도 불구하고 우리는 생존해야 한다. 내일 이 우주가 사라지더라도 오늘을 살아야 한다. 그것이 이 세상에 태어난 우리의 운명이다. 어찌 될지 모르는 미래지만 살아야 하는 운명이기에 최대한 다음 인류에게 멋진 세상을 물려주려고 노력해야 한다. 그 길을 묵묵히 걸어야 하는 것이 우리에게 주어진 '사명'이다.

사명은 논리와 이유가 없다. 우리는 이유를 알지 못하는 양자역학 세상에 살고 있다. 천재 물리학자들도 아직 세상의 원리를 모른다. 이런 이유를 모르는 세상 속에서 가장 앞장서서 소명의식을 지켜나가야 하는 사람이 있다. 인류에게 주어진 의무를 가장 앞에서 이끌어야 하는 사람. 이것이 리더다.

리더는 뿌연 안개 속에서 두 눈을 부릅뜨고 모두의 안전과 생명을 책임지며 배를 이끄는 선장이다. 리더가 된다는 것은 권력을 얻는 것도 희생하는 것도 아니다. 그냥 자신의 운명이자 소명감을 따르는 것이다. 가장 앞에서 모진 비바람을 이겨내며 방향을 잡아 날갯짓하는 대장 기러기로 이 세상에 태어난 것이다. 끊임없이 험난한 세상만사를 치르면서 목적지를 향한 긴 여정을 이끈다. 언제 끝날지도 모르는 여정 속에서 리더에게 주어진 무게를 묵묵히 버텨내는 모습은 궁극의 진리에 다가갈 순 없지만 묵묵히 진리를 탐구하는 물리학자와 닮았다.

리더에게 정작 필요한 것은 리더십만이 아닐 수도 있겠다는 생각이 든다. 이 세상, 이 우주를 받아들이고 사랑해야 하는 박애가 밑바탕이 되어야 할 것 같다. 세상이 이런저런 힘듦과 상처를 받을 때, 리더는 사랑으로 세상을 어루만져주고 치료해야 한다. 조직의 연약함을 강화해주고, 서로를 조화시켜 마침내 희망을 불어넣는다. 리더는 세상의 모든 것을 깨우고 다시 움직이게 한다.

1등 조직을 만드는 리더의 비결

———

오랜만에 재킷을 사러 백화점에 갔다. 백화점 에스컬레이터를 타면 항상 생각나는 리더가 있다. 국내 최대 패션회사의 브랜드 매니저였던 그는 화학공학을 전공하고 고분자 연구원이었던 나를 팀원으로 받아주었다. 이유는 간단했다. 자신도 화학공학을 전공하고 패션업을 잘하고 있다는 것이었다.

그가 브랜드를 이끌면 그 브랜드는 항상 매출 1등을 찍었다. 남성복이든 여성복이든 캐주얼이든 상관없었다. 그가 맡으면 1등을 찍었다. 그는 경영학이나 의상학을 전공하지 않았다. 영업이나 생산의 전문성이 아주 뛰어나다고 볼 수도 없었다. 하지만 그가 브랜드를 맡기만 하면 1등이 되었다.

그가 화를 내거나 스트레스 받는 모습을 거의 본 적이 없다. 항상 유쾌했다. 그러면서도 유머러스한 농담과 함께 뼈가 박힌 말을 툭툭 던지는 게 그의 특기였다. 그가 이끄는 조직에는 디자인, 생산, 상품기획, 물류, 영업하는 의류 전문가들이 모여 있었는데, 그들은 서로 일주일에도 몇 번씩 서로의 잘잘못을 따지며 논쟁을 했다. 그럴 때마다 그는 위트 있게 중재했다.

"이번에는 디자인실 믿고 가보자고."

"요번엔 영업 말이 맞는 것 같아."

전체적으로는 어디 한쪽으로 치우치지 않고 균형을 유지했다. 그러나 그에게도 어김없이 기우는 곳이 있었으니 판매율과 시장 점유율, 즉 고객이었다. 어찌 되었든 회의 막판에는 항상 고객 쪽으로 모든 조직 구성원들이 움직여 바라볼 수 있도록 해주었다. 항상 건조하고 딱딱해질 수 있는 조직에 처방과 조치를 취했다. 그는 이 작업이 "조직에 생기live를 불어넣는다."라고 얘기했다. 자신이 조금만 신경을 쓰면 조직이든 브랜드든 밝은 생기가 돌 수 있다고 했다. 항상 그는 자신감이 넘쳤고, 주변엔 즐거운 에너지가 가득했다. 많은 사람들이 그와 일하고 싶어 했다.

또 그는 백화점 안에 수많은 매장이 있지만 그중에서도 은근하게 빨려 들어가게 만드는 매장이 있다고 했다. 복도를 거닐다 보면 블랙홀처럼 빨아들이는 매장이 있는데 아주 자연스럽게 사람들을 당긴다는 것이다. 브랜드, 조명, 상품, 디스플레이 등 여러 가지가 조화롭게 만들어내는 힘으로 그 끌림의 마무리는 매장 직원이 한다고 했다. 이 모든 것이 하나의 작품, 브랜드라는 최고의 연주를 하는 것이라고 말했다.

"우리는 오케스트라와 같아. 자신은 악기를 잘 다루지 못하지만, 그들을 믿고 그들이 잘 조화롭게 움직일 수 있도록 해주면 돼. 난 지휘봉을 들고 박자만 정확히 가르쳐주면 돼. 서로 싸우지 않도록 그리고 어느 한쪽이 튀지 않도록 균형을 잡아줄 뿐이야."

그의 지휘는 항상 최상의 하모니를 만들어냈다. 30년 동안 40개의 패션 브랜드를 맡으며 패션업계 최고의 지휘자가 되었다.

대기업 임원들이 퇴임을 준비할 시기에 그는 또 하나의 새로운 도전을 준비했다. 글로벌 브랜드였지만 전혀 일류답지 않은 누구나 다 아는 F스포츠 브랜드 대표로 자리를 옮겨 회생시키는 역할을 맡게 된다.

처음 부임했을 때 모든 파트에서 문제점들이 보였다고 한다. 외부 생산업체에서의 제보, 내부 직원의 불만, 기존 임원들의 텃세. 그러나 그는 각 파트별로 기초부터 다졌다. 연주자들이 자신들의 파트를 연주할 수 있도록 파트별 계획을 일일이 만들어 나눠주고, 제대로 실행하는지 점검과 지도를 했다. 따라오지 못하거나 연주 방해꾼들은 아쉽지만 과감하게 헤어지거나 함께할 수 없음을 통보했다.

기본에 충실하자고 강조했다. 최적의 조화를 이루기 위해 350명 임직원 모두와 식사와 대화를 했다. 일체 일 이야기는 하지 않았다. 서로 어색한 분위기를 깨는 데 집중했다. 특유의 위트와 유머로 얼어 있는 조직의 분위기를 녹이고 흔들었다.

어느 정도 유연해진 분위기와 기초 연주가 가능해지자 다시 앙상블을 시도했다. 밀라노에 있는 내부의 예전 아카이브에서 브랜드의 정신과 철학을 끄집어내고, 외부 홍보와 업체 컨퍼런스를 통해 브랜드 가치를 높였다. 이태원에 오픈한 플래그 숍flag shop은 핫 플레이스가 되었다. 이러한 변화는 내부 임직원들이 더 반겼다. 그들이 몸담고 있는 회사와 브랜드가 성장하는 모습에 자신들이 더 뿌듯해했고, 감격했다.

마침내 고객의 평균 나이 47세에서 34세의 브랜드를 만들었다. 다양한 글로벌 브랜드에서 컬래버를 원하는 패션 브랜드로 만들었다. 적자로 인해 떨어지던 주가는 4,000억 원의 영업이익을 내면서 몇 배로 올랐다. 그는 유명 스포츠의류 F브랜드의 K부회장이다. 지금은 마지막 오케스트라 연주를 마치고 많은 사람들의 기립 박수 속에 명예롭게 무대를 내려왔다. 함께 최선을 다해 연주했을 뿐, 나머진 운명에 맡긴다고 했다. 그러고는 미소 지으며 말했다.

"내가 운이 엄청 좋거든."

겸손으로도 느껴지지 않았다. 강한 자신감 속에 구성원 모두를 묶어주는 마법과도 같은 주문이었다.

진정한 리더가 걸어야 할 길

다시 백화점 매장이다. "편하게 둘러보시고 필요하시면 불러주세요."라고 말하며 매장 직원이 사라졌다. 나는 이것저것 둘러보기 시작했다. 컬러와 스타일을 본 다음, 옷감의 느낌도 만져보고, 가격표도 살펴본다. 내가 평소 자주 입는 라운드티와의 코디도 상상해봤다. 편안하게 두어 개 골라 거울 앞에 갔다. 이리저리 대보고 마지막으로 나의 의식과 무의식이 이끄는 대로 그중 하나를 골라 카운터를 향해 돌아섰더니 어느새 매장 직원이 나타났다. "고르셨나요? 와, 잘 고르셨네요. 너무 잘 어울리세요." 고를 때는 사라져주고, 계산하려고 하니 다시 나타나주었다.

이 책의 양자역학을 설명하는 앞부분에서 백화점 고객의 이야기를 했다. 그 고객이 카드를 긁기 전까지는 물건을 살지 안 살지 누구도 알 수 없다고 했다. 그러나 내가 백화점에서 재킷을 산 것처럼 분명히 산 이유는 있다. 내가 고민을 하고 있을 때 매장 직원은 내가 살지 말지는 모른다. 다만, 유심히 신경을 곤두세우며 기다릴 뿐이다. 나도 살지 말지 망설인다. 마침내 나의 무의식이 마지막 하나를 결정하고 그 직원을 쳐다보았을 때, 비로소 그 직원은 미소를 지으며 내게 다가온다.

우주는 알고 있다. 우주 자신인 양자가 왜 이렇게 운동하는지. 분명 원리를 갖고 있을 것이다. 우리가 아직 알 수 없는 것일 뿐이다. 우주가 이 진리를 가르쳐줄 때까지 우리는 매장 직원처럼 관심의 끈을 놓지 않고 차분히 기다릴 수밖에 없다. 그리고 우주가 우리에게 다가올 때, 우리는 미소를 지으며 감사히 진리를 건네받아야 한다. 그 건네받은 진리로 다시 세상을 바라봐야 한다.

특히 리더는 그렇게 해야 한다. **우주의 원리에 따라 조직을 사랑으로 이끌어야 한다. 조직은 리더에 의해 생명력을 얻는다. 이것이 진정한 리더가 걸어야 할 길이며 운명이다.** 이 말도 안 되는 세상을 헤치며 이끄는 리더는 사랑 그 자체다. 자, 이제 그들에게 힘과 용기가 함께하길 간절히 기원하는 수밖에 없다.

May the force be with leaders!

우리는 아직 세상을 모른다.
#양자의 이중성

리더의 세계는 이중성의 세계다.
#권한과 책임

양자역학은 MZ세대를 이해하는 도구다.
#공정의 의미

이중성은 연결된 하나다.
#양자 얽힘

이 시대를 이끌어갈
리더들에게

이제는 80년대생 리더들의 시대다!

최근 나는 회사를 옮겼다. 블록체인 세상을 만들어가고 있는 회사
다. 예전에 다녔던 회사들보다 일하는 사람들의 평균연령이 무려
열 살이나 적은 젊은 회사다. 그래서 나는 슬랙Slack과 지라Jira라는
업무 솔루션을 배워야 했고, 내가 만든 클라우드 문서를 구성원
누구나 수정하고 의견을 공유한다.

예전 회사에서 10일 걸릴 의사결정이 하루면 모두 해결되었다.
대기업에서 10명이 할 일을 여기선 한 명이 다해야 한다. 물론 체
계적이거나 안정적이진 않다. 하지만 엄청나게 빠르고 효율적이

다. 완벽보다는 스피드, 안정보다는 도전이다. '이왕 할 거 제대로 한 번 하자.'라기보다는 '어찌 될지 모르니 다양하게 여러 번 하자.'이다. 더 늦기 전에 이 에너지와 스피드를 경험할 수 있어서 다행이라고 생각한다.

그런데 이곳의 리더들은 거의 대부분 80년대생들이다. 한창 엄청난 에너지로 열정을 쏟아붓는 80년대생 팀장들이다. 사실 이들은 낀 세대다. 한껏 나이트를 즐겼던 X세대 70년대생과 항상 자신감 넘치고 자신의 삶을 맘 놓고 즐기는 디지털 네이티브digital native(태어나면서부터 디지털 기기에 둘러싸여 성장한 세대) 90년대생 사이에 끼어 있다.

자기 잘난 맛에 사는 70년대생과 남 눈치 안 보는 90년대생들과는 달리 80년대생들은 IMF로 실직한 부모와 금융위기 때 취준생의 어려움을 직접 겪은 어려움의 직격탄 세대들이다. 그래서 조직 분위기와 생리도 잘 알면서 자신이 원하는 삶도 아는 똑똑하면서도 불쌍한 세대다.

그리하여 70, 90년대생보다 분위기 파악을 잘한다. 요즘 리더(팀장)가 되고 있는 80년대생들은 둘 사이에 껴서 스트레스가 이만저만이 아니다.

이런 시기에 팀장이 되어 업무에 대한 책임도 커졌다. 이들의 어깨는 더욱 무거워졌다. 업무를 누구보다도 잘 알고 있어 자신들이 일을 놓치면 그냥 펑크가 난다. 그리고 매일같이 70년대생들

스타일에 맞추고, 말 안 듣는 90년대생들을 다독거리느라 애를 먹는다. 그래도 아주 조금 남은 에너지로 휴일에 짬을 내서 자전거 타기나 요리를 하며 취미생활을 즐긴다.

그들에게 연애나 결혼에 쓸 에너지는 없다. 점점 더 솔로 팀장들이 많아지고 있다. 10년 전만 하더라도 팀장 10명 중 한두 명만 결혼을 안 했는데 지금은 절반 이상이 솔로 팀장들이다. 결혼한 팀장들도 부모님의 잔소리가 싫어서 했을 뿐 정작 자신이 원하는 결혼인지 모르고 했다. 70년대생들은 자식들 얘기를 하고, 90년대생들은 남친, 여친 이야기를 하는데, 정작 두 주제 다 끼어들 수 없는 80년대생 팀장들 중 절반은 이런 이야기 속에 말없이 핸드폰을 보며 빨리 끝나기만을 바랄 뿐이다.

낀 세대지만 꿋꿋이 이 시대를 끌고 있는 80년대생 리더에게 꼭 하고 싶은 말이 있다. 상대성이론에서도 말했지만, 아주 작은 질량에서도 엄청난 에너지가 나온다. 일을 하면 에너지가 들지만 일에 대한 보상이나 자아실현으로 에너지를 받기도 한다. 취미생활에도 시간과 에너지가 들지만 자신이 좋아하는 쾌락을 느끼며 에너지를 받기도 한다. 에너지의 소모와 획득 비율, 즉 개인 에너지 효율이 가장 좋은 활동은 일도 취미도 아닌 바로 '사랑'이다.

사랑은 일이나 취미와는 차원이 다르다. 사랑은 목숨까지 바칠 수 있을 정도로 어마어마한 에너지를 가지고 있다. 사랑은 세상에서 가장 엄청난 핵반응이다. 계속해서 몸과 마음에서 연쇄반응을 일으키고 주위의 사람들까지 모두 행복하게 만드는 에너지를 전파시킨다. 남들 다 하니까 연애하라는 것이 아니다. 인류의 영속을 위해 결혼해야 한다는 얘기도 아니다. 사랑은 자신을 위해서 해야 한다.

사랑을 할 때, 기(에너지)가 빼앗기는 것 같다면 그것은 사랑이 아니다. 진정한 사랑에 빠지면 아무도 못 말린다. 무진장 센 아드레날린을 맞은 것과 같이 과도하게 에너지가 샘솟는다. 진정한 사랑을 하면 일도 취미도 다 할 수 있다. 에너지가 남아돌게 된다. 사랑의 에너지는 모든 주위의 것들을 아름답게 만든다. 꼴 보기 싫었던 70년대생 임원도, 말 더럽게 안 듣는 90년대생 팀원도 모두 귀엽게만 보일 뿐이다.

특히 사랑하는 사람과 사이에 사랑하는 아이가 생기면 에너지는 더 폭발적으로 증가한다. 어떠한 일이든 가능하게 만든다. 사랑하는 사람이 세상을 아름답게 보는 것처럼 모든 주위의 사람들이 그 사람을 신뢰하고 사랑하게 된다. 이런 사랑에 에너지는 더욱 공고해진다.

80년대생 리더들이여, 사랑하라! 에너지 효율이라는 한계에 자신을 가두지 말고, 사랑에 빠져 사랑의 눈으로 세상을 바라보라. 그리고 세상을 힘차게 이끌어라. 바야흐로 이제는 당신들, 80년대생들의 시대다!

우리 곁의 수많은 리더와 팔로어들에게

─────

매년 임원 인사와 리더 선임의 보고를 하면서 과연 이 사람이 맞을까란 생각을 하고 또 했다. 한 해 농사를 위한 씨뿌리기와도 같은 이 작업을 할 때마다 정말 잘해줬으면 좋겠다란 바람으로 보고서 키보드를 꾹꾹 눌렀다.

잘 이끌어준 리더도 있었고 기대에 못 미쳤던 경우도 있었다. 잘 굴러간 경우야 모두가 행복했지만 그렇지 못한 경우 많은 사람들이 불행해졌다. 리더의 영향력은 항상 내가 예상했던 것보다 컸다. 특히 리더십의 실패 후 충격 복구는 너무 힘들었다.

리더를 선임하는 사람이나, 리더 본인이나, 리더를 따르는 팔로어들 모두 리더십의 중요성과 본질에 대해 한 번 더 생각해보길 바라는 마음으로 이 책을 썼다. 하고 싶은 말이 이렇게 많았었나 싶어서 조금은 놀랐다. 쉽고 재미있게 쓰고 싶었으나 계속 본질을 파며 심각해지는 걸 느꼈다. 책을 쓰면서 나 자신이 본질을 갈망하는 본질을 갖고 있음을 깨달았다.

사실 글을 써야겠다는 생각은 훨씬 이전부터였다. 2002년 월드컵의 해에 회사 신입 사원 연수원에서 새로 온 연수생들을 지도하는 '지도선배'라는 역할을 한 적이 있다. 그때 글쓰기/문학 동호회를 맡았는데 가장 비인기 동호회였지만 연수가 끝날 때쯤엔 최고의 동호회가 되어 있었다. 나의 리더십이 만들어낸 최초의 성과였다. 그 이후로 나의 생각과 내가 겪은 특별한 경험들에 대해서 글로 남겨왔다. 그냥 한 사람의 기억과 회상이 아닌 세상에 아주 작은 도움이 되어 주길 바랐기 때문이다.

나에게 영감을 준 좋고 나쁜 수많은 리더들과 같이 공감해준 수많은 동료들에게 감사한다. 그리고 이 글이 세상에 나올 수 있게끔 나의 어설픈 초고를 선택해준 비즈니스북스에 감사드린다. 특히 이 글을 처음부터 끝까지 매주 읽고 조언과 성원을 해준 사랑하는 후배, 정원철과 정인석에게 진심으로 고맙다는 말을 전하고 싶다.

리더십은 타고나는 것이 아니다. 길러진다. 운동과도 같다. 이론과 실전의 부단한 학습과 연습만이 이 능력을 높이는 방법이다. 이 책이 리더십의 이론 학습에 아주 조금이라도 기여할 수 있길 바라며 그리고 우리 주위에 제대로 된 리더가 단 한 명이라도 더 많아지길 간절히 기원한다.

시원한 바람이 불어오는 저녁, 가장 좋아하는 와인 한 잔을 기울이며 기나긴 작업이 끝나가는 아쉬움을 달래본다.

2022년 가을
리더십 수행자 진원재

May the force be with leaders!